FP1級取得！
サバンナ八木流

お金のガチを教えます

サバンナ 八木真澄
ほんださん（本多遼太朗）

KADOKAWA

はじめに

今回、ＫＡＤＯＫＡＷＡさんから、２冊目の本を出版することになりました。

前作の『年収３００万円で心の大富豪』は、お金にまつわる精神的な話や心の持ちようを、自分なりに書いたつもりです。

この本では、**お金のしくみや知識を、より具体的に紹介**しています。

僕は、２０２４年に**ＦＰ（ファイナンシャルプランナー）１級に合格**することができたのですが、試験勉強をしていた際、「こんなしくみがあったんだ」とか、「こんな制度が使えるのか」と目から鱗《うろこ》が落ちる情報がたくさんありました。

このような情報は誰も教えてくれません。自ら調べないと知らないままで終わってしまいます。学校の義務教育にお金の授業がないように、お金のことは自分で学ばないと不利になることが多いです。

本書では、僕がＦＰ１級の資格を取得するにあたって参考にさせていただいた、登録者数25

万人を超えるFP試験解説の人気YouTubeチャンネル「ほんださん／東大式FPチャンネル」のほんださんとタッグを組み、アドバイスや助言をいただきました。本書では「ほんだ先生」と呼ばせていただきます。これほど頼もしいことはありません。
僕としてはこの本を持って、北海道から沖縄まで、全国の小さいカルチャーセンターなどを回れたらいいなと思っています。

とにかく**自分のなかで使えると思ったお金の情報を100個**まとめたので、気になるところから読んでみてください。少しでもみなさんの力になれれば幸いです。

サバンナ　八木真澄

第1章

賢く使う

第2章

お金を増やす

第3章

賢く受け取る

第4章

将来に備える

第5章

お金を守る

第1章

賢く使う

GACHI MONEY

001

封筒管理術で生活費のダムを決壊させない

家計管理／節約

難易度 ★☆☆☆☆

お金が貯まらない。いったいなぜなのか。それは、使っていい金額を正確に把握していないからです。「今月使っていい金額はここまで！」とあらかじめボーダーラインを決めておけば、使いすぎを防げます。

ではここで、我が家の封筒管理術を紹介します。

我が家では「食費」「家賃」「水道光熱費」「子どもの習い事の月謝」など、**考えられるすべての支出を一つ一つ茶封筒に書いて管理しています**。例えば毎月の食費が8万円なら、月の初めに1週間の「食費」として2万円入れた封筒を4つ用意しておく。「クリスマス用の貯金」など、1年に一度の出費は、費用を12カ月で割って毎月茶封筒に入れています。あとは封筒の中身を見ながら生活することで、残りいくら使えるのかが明確になるわけです。そのうえで、封筒に入れずに余ったお金が自由に使えるお小遣いになります。

封筒の中身でやりくりできないと……当然、どこか別の場所からお金を調達することになります。手を出してしまいがちなのは、老後に向けた貯蓄用でしょうか？　しかし、それは本来、未来に必要なお金です。貯蓄に回すはずだった分を今使うのは、将来のお金を前倒しで借りているのと同じです。

僕は人生総支出（今後の人生にかかるお金）をばっちり把握しています。何歳までにいくら貯めるべきかも計算済みです。芸人仲間は僕の生活振りを、よくいえば「質素」、悪くいえば「ケチ」と呼びます。でも、**僕はただ支出できる範囲でお金を使っているだけなのです。**

読者の方も、今この瞬間から支出を管理することをおすすめします。そうしないと、せっかく将来の資金計画を立てていたとしてもダムのように決壊してしまいます。まずは収支を洗い出し、それぞれの封筒を用意することから始めてみてください。

ほんだ先生の補足メモ

将来やりたいこと、起こることから逆算した資金計画は、FP（ファイナンシャルプランナー）にとって大切な提案業務の1つでもあります。今、資産がたくさんあるから使って良いわけではなく、これから起こる支出に合わせて用意しておくことが、マネープランの基本となります。封筒管理術もその応用といえます。

ただし、大量の現金を自宅で保管することは、盗難や紛失のリスクを高めます。ある程度封筒の中身が貯まったら「目的別貯蓄口座」の活用も検討を。封筒を銀行口座に置き換え、自動振替や定期積立を利用することで、効率的かつ安全にお金を管理できます。

002

価格がつくしくみを考える

家計管理／節約

難易度 ★★☆☆☆

みなさん商品やサービスにお金を支払うときは、なんでその価格なのか、理由を考えていますか？　**何に対していくら支払ったのかがみえてくれば、よりおトクな判断ができる**ようになります。

価格には生産時の材料費や仕入れにかかる運送費、販売店の家賃や人件費など、あらゆるコストが上乗せされています。都心のお店は価格が高く、地方のお店は安いのは、家賃や人件費が、東京のほうが高いからです。

でも、コンビニは全国で料金が一律ですよね。本来なら都心のコンビニおにぎりのほうが価格は高くて、地方のコンビニおにぎりは安いはず。なのに東京も北海道も沖縄も、基本的には同じ商品は同じ価格で提供されています。

となると、**チェーン店などの全国一律料金は消費者目線で考えると、「地方では割高、都心では割安」とも考えられます**。地方ではその土地ならではのお店で、都心ではチェーン店を使うのがよりおトクと判断できるんですよ。

また、価格は需要と供給によっても変わります。ホテルの部屋で例えると、人気のある観光シーズンは宿泊費が高くて、逆に閑散期はめっちゃ安くなりますよね。

大切なのは需要と供給が釣り合っているときの適正価格を知っておくこと。そうすることで「普段より安い！」といったチャンスを見逃さずに済みます。

ほんだ先生の補足メモ

価格の捉え方は、価値を判断する自分側の事情も考慮すると、よりよい選択ができるでしょう。

例えば、お祭りの屋台で売られている５００円のわたあめ。原価はたったの数円ですから、普段ならきっと買わないでしょう。でも、子どもがお祭りを楽しんだという思い出になるなら、５００円以上の価値があるともいえます。

一番重要なのは、払った価格以上のリターンを得られるかどうか、購入前にしっかり検討してみることです。

003

ＦＰには「企業系」と「独立系」がある

家計管理／節約

難易度 ★★☆☆☆

僕が取得したＦＰ１級の「ＦＰ」とは、ファイナンシャルプランナーのことです。ＦＰは、保険や税金、年金、資産運用など、幅広いお金の知識を持っています。みんなの家計管理や保険の見直しをお手伝いするよ～という専門家です。

そんなお金の相談相手であるＦＰには、大きく分けて「企業系」と「独立系」の２種類があります。この違いで、相談できる内容や提案される内容がちょっとばかり異なるんです。

まず、企業系ＦＰは、保険会社や証券会社、銀行などに所属しているＦＰを指します。住宅ローンや保険など、自分が所属する会社の商品を販売するのが主な役割です。一方、独立系ＦＰは特定の企業の社員などではないため、「商品の販売が目的ではない」ことがほとんど。そのため、客観的なコンサルティングを受けられます。

よく「無料相談」しているところもありますが、個人的には相談料がかかるＦＰのほうがいいと思いますね。無料ってことは、どこかで利益が出るしくみになっているわけです。契約が取れたら手数料がもらえる特定の保険商品を売るとか、何か事情があって無料でやっている可能性があります。

僕もお金に詳しくなってから、いろんな芸人の相談を受けるようになりました。でも、自分ではなんにも売りません。ちゃんと客観的に、本当のことを伝えているつもりです。

ちなみに、FPの資格を持っているだけでは、法的にできないことがあります。例えば、生命保険の相談を受けて具体的な商品を提案するには「保険募集人」の登録が必要。これがないと保険業法違反になります。金融商品をすすめるには、「金融商品取引業」に登録していないと、金融商品取引法違反です。相談を受けるときは、どの内容にどんな資格が必要かは知っておきましょう。

僕は「証券外務員一種」の資格も持っています。これは金融機関に勤めている方がこの資格に登録することで株式や債券といった有価証券などの販売、勧誘を行えるというものです。証券を売る人は外務員一種または二種の資格がいるので、販売する人の持っている資格は見ておくといいでしょう。

芸人になったばかりのとき、スタッフさんがディレクターなのか音声さんなのかわからなくて、音声さんに「今日のロケどうしましょう」って聞いてしまったことがありました。ぽかんとされましたよ。**話す相手の見極めは大事**ということです。

ほんだ先生の補足メモ

無料相談を行っている独立系ＦＰの方でも、商品の提案・販売による手数料を取っているケースもあります。それより大事なことは、幅広い商品を知っているか、そして手数料などを比較して適切な商品を提案できるＦＰかということです。

また、相談時には「お金は手段でしかない」ということを覚えておきましょう。お金の悩みというと、「お金を増やしたい」「足りなくなったら不安」など、資産にばかり注目しがちです。しかし、本来お金とは将来何をしたいのか、何が必要になるのかといった目的に対して必要になるものにすぎません。「将来のやりたいことを実現するために、〇〇を運用すべき」や、「万が一のときに家族を守れるように〇〇に入るべき」というように、人生の目的を踏まえてサポートしてくれるＦＰがよいでしょう。

GACHI MONEY

004

銀座の高級寿司（？）は自宅で再現できる

家計管理／節約

難易度 ★☆☆☆☆

銀座の高級寿司って、自宅でも再現できるんですよ。高級店だと大将が握った寿司を順番に出してくれるので、記念日に行ったお店や憧れのお店で、ネタの種類と提供順を覚えておくんです。それを回転寿司のテイクアウトで再現します。だいたい1皿に2貫のっているので、2人前は作れます。まあ、**中トロなんかは1皿1貫だけのこともあるんですけど。**

実際に僕が再現したものはこちら。

銀座スシ（これは店名です）
夜のコース　18000円

お品書き
イカ
あじ

赤身
中トロ
アワビ
車海老
かつお
赤貝
いくら
穴子
たまご

これで一人前1500円くらい。2人でも3000円です。

マグロといっても、ミナミマグロやクロマグロなど種類はありますけど、魚という意味では同じですから。採れる海が同じなら養殖でも問題ありません。お米も、当然炊き方の違いはあるでしょうが、国産ならだいたい同じだと思っていいでしょう。

高級寿司が仮に1人2万5000円かかるとします。夫婦で食べると5万円。家で再現する場合と比較すると、一度で４万７０００円も違う。週に１回食べるとして月にすると４万７０００円×４回、18万８０００円、年間２２５万６０００円、10年では２２５６万円、30〜80歳の50年間にして１億１２８０万円おトクになります。

もちろん、高級寿司には職人のワザやお店の雰囲気も含まれているから完全に同じではないですよ。でも、自分がきちんと値段の付加価値を理解して、満足できているなら十分。自分が納得できるラインを見極められると、満足感を損なわず、コストも抑えられます。

一番よくないのは、自分が「冷めてしまう」こと。楽しいと感じられるかどうかは、自分の気持ち一つですから。高級寿司の再現にしても、嫁さんに「今日はご馳走《ちそう》だからね」なんていって、家族みんなで小芝居するのが大切です。手書きのメニュー表を作ると、ぐっと雰囲気が出ます。何事も工夫次第です。

ほんだ先生の補足メモ

当然のことながら、高級寿司店の価格には食材の質だけでなく、職人の技術、サービス、店の雰囲気といった付加価値が含まれています。ですから、食材を近づけることができても、全体の体験を完全に再現するのは難しいでしょう。とくに「体験」というものは、金銭の損得勘定だけで評価できない側面があります。あらゆる経験は人生を豊かにしてくれますし、そういう意味でも高級寿司店での食事は有意義といえます。

一方で、経済学に「限界効用逓減《ていげん》の法則」というものがあります。消費量が増えるにつれて、追加の消費から得られる満足度（効用）は次第に減っていくという法則です。例えば、ビールを飲むとき、1口目は非常においしいと感じるものの、これを2口目、2杯目と飲み続けていると、感動はどんどん薄れていきませんか。この法則を踏まえれば、自分の感動（効用）が得られる範囲で楽しめばよいとも考えられます。寿司を銀座で食べることに価格以上の価値があると思うなら行けばよく、家で再現できるお寿司で価格以上に楽しめるなら、これ以上コスパの良いことはないでしょう。

005

FP3級は「誰もが勉強するべき」資格

節約

難易度 ★★★☆☆

日本人は、自分が加入している健康保険の種類や将来もらえる年金など、**お金周りの制度やルールについて知らない人が多すぎると思います**。といいつつ、僕もそうでした。19歳で芸人を始めて、20歳で確定申告をしろといわれて、当時はなんにも知らなかったので野に放たれた気分でした。

FP資格を取得するには、家計のお金から税制、不動産、住宅ローン、保険、教育資金、年金制度など、幅広い知識が必要になります。国家資格で1級～3級までありますが、1級はかなり専門的で、はっきりいって「誰がこんなん使うねん」という内容です。2級は「お金関係の仕事をするなら知っておいたほうがいい」レベル。**3級は、「知らないとヤバい、資格を取らなくてもいいから勉強しておくべき」内容**といえます。

3級の勉強をすると、全体的な社会のしくみやお金の動きを理解できます。これは個人的にかなりよかったですね。ちなみに、1級の試験はめっちゃ難しくて、「国民年金の国庫負担割合の計算方法」というものにヤマを張っていたのが的中しました。これがわかるようになったらかなり上級者です。わからなくても問題ありません。

ほんだ先生の補足メモ

私はYouTubeで「ほんださん／東大式FPチャンネル」を配信するなど、FP資格の勉強を日本一多くの人に教えてきた自負がありますが、正直なところ資格を持っているだけではそこまで価値はありません。なんとなく勉強して取得しただけでは、ほとんど意味がないといってもいいでしょう。

FP資格の勉強を通じて得られる価値は「人生のお金を予習できること」。試験範囲の中でライフイベントにかかわるお金を一通り扱うので、勉強した人はみなさん口をそろえて「もっと早く知っておけばよかった」といいます。家を購入するときにも、結婚するときにも、家族の保険を考えるときにも、FPを学んでいれば損をせずに済みます。学び始めるなら今です。

GACHI MONEY

BRASIL

006

住宅購入は誰もが初心者。だから調べる

住宅

難易度

★★☆☆☆

住宅って高いじゃないですか。金額が大きいので、いざ購入するとなっても怖いんですよね。**関係者全員がグルになって、自分を騙《だま》そうとしているんじゃないかと疑ってしまう**。そんな人、僕だけじゃないはず。そうですよね？

後悔しないためにもしっかりと調べておきたいところ。例えば、「物件のベランダは専有部分に含まれないので、分譲住宅だとしても勝手にリフォームはできない」とか「仲介会社を挟む媒介契約だと、媒介手数料を必ず払う必要がある」とか「その手数料は大家さんと折半でいい」とか。買う日が近づいてきて、本当に騙されていないかどんどん不安になっていきました。銀行の司法書士さんにローンを組んでもらって初めて安心できたのを覚えています。不動産屋さん、疑ってごめんなさい。

経験則でいうと、**可能なら手付金は多めに払ったほうがいいです**。手付金とは、契約の時点で支払うお金ですが、契約が進めばそのまま購入代金に充てられますし、売主の都合で解約と

なれば倍額が返還されます。

仮に気になっている物件が掘り出しもので、自分より高値で買おうとする人が現れた場合、不動産会社は手付金の倍額を返還してでも、より有利な取引のほうを進めようとします。そうすると手付金が倍額返ってくるわけです。

ほんだ先生の補足メモ

手付金の相場は住宅価格の5~10%とされています。売主都合の場合は倍額が返還されますが、買主の都合で解約した場合には返還されません。購入を進めるなかで、自分の家族に何かあった場合など、突然の事情で住宅購入をあきらめなければいけなくなった際には返ってこないので注意が必要です。

あまりに手付金が少ないと契約を解除されるリスクもありますが、万が一を考慮すると、手付金が高額になるほど損をするリスクが高まるとも考えられます。私は、高い手付金を支払うのは、よっぽどその物件でなくてはならない事情がある人以外にはおすすめできません。その家が絶対に欲しいかどうか、よく考えて設定しましょう。

007

老後を考えるなら持ち家が有利

住宅

難易度 ★★☆☆☆

持ち家にするか、賃貸にするか。よく取り上げられるこのテーマ、大抵「生涯の賃料と住宅購入費どっちがトク?」みたいな話で終わりがちですよね。でも、実際にはそんな単純な話ではないんです。**お金の計算だけじゃなくて、将来の暮らし方やリスクを見据えた視点が必要なんです。**

例えば、賃貸には老後に意外な落とし穴があります。60歳を過ぎて「更新ができない」や「新規契約が通らない」ということが実際に起こり得るんです。大家さんにとって、高齢の居住者には孤独死などさまざまなリスクを伴います。なので、大家さんが家賃を上げてきたり、「この物件手放すから出てってね」と追い出したりするなんてことも。賃貸は気軽に引っ越せる反面、長く住むにはちょっと不安がつきものです。老後のことを考えるなら持ち家を検討したいですね。

じゃあ持ち家なら万事ＯＫかというと、これも一筋縄ではいきません。まず、マンションか戸建てかの選択で悩みます。マンションは修繕積立金が年々上がることが多いですし、タワマンだと共有部分の維持費もバカにならないですもんね。修繕の方針で、住民同士の意見が割れることもあるんです。もし、マンションが築60年を迎えて建て替えが必要となったとしても、実際に工事するには住民の「5分の4の賛成」が必要となります。これ、結構ハードルが高いです。マンションの決議はほとんどが「過半数」か「4分の3」の賛成で決まりますが、建て替えは難易度があがります。重大な変更は区分所有者の数や専有部分の床面積の割合で決まりますから、自分の意見が通るとも限りません。マンションは短期で買い換え可能な財力のある人がトクする不動産だと思います。

その点、**戸建ては自分のタイミングで修繕したりリフォームしたりできる自由さがあります**。災害対策や老朽化への対応は自己責任ではありますが、自分の思ったように対策ができるので「安心感」がありますよね。あとはマンションの場合、電気が止まったら終わりです。庭付きの戸建てなら焚《た》き火ができますから、いざというときも安心です。

ほんだ先生の補足メモ

高齢になると、一般的に賃貸物件の契約や更新が難しくなる傾向があります。しかし、近年はバリアフリー構造になっていたり、安否確認サービスがついたりする高齢者向けの賃貸住宅やサービス付き住宅など、シニア世代に適した賃貸物件も増えています。

「戸建ては資産になるから」という考え方も危険です。戸建て住宅は、都内の一等地などに土地を持っている場合などを除き、資産価値はほとんどありません。現金の1000万円は誰でも使えるため価値がありますが、個人がこだわって建てたマイホームは、誰もが欲しがるものではないため、価値が下がるのもあっという間なのです。

戸建てをバリアフリー構造にリフォームするのは資金もかかって大変です。住み替えのしやすい賃貸にして出費を抑え、その分、金融資産を増やすことで老後に備えるという選択肢も取れることは覚えておきましょう。

GACHI MONEY 008

個人の部屋は2畳で十分 工夫がQOLを爆上げする

住宅／節約

難易度 ★☆☆☆☆

最近の子ども部屋事情って変わりましたよね。僕が子どものころは学習机や本棚、テレビ、コンポ、ビデオやゲーム、さらにはベッドまで置いていたので、6畳ぐらい必要でした。でも、**今はスマホとベッドさえあればOKだから、個人の部屋は2畳で十分といえます。**勉強はリビングで済ませればよいですし、衣類も速乾性のものが増えたおかげで、小さな収納で事足ります。2年前に買った14坪の4LDKでも狭くは感じません。

重要なのは「床暖」。これがあると床に直接座れるから、リビングをもっと活用できるんです。ソファーを置かずに大きなクッションを使うスタイルが、新しい定番になるかもしれません。

せっかく家を買ったんですが、営業芸人の僕はかなりの日数をビジネスホテルに泊まっています。地方営業に行く際はむしろ荷物が多いタイプです。後輩にもよく「八木さんって荷物多いですね」と言われます。スーツケースには生活に必要なものが全部詰まっているので、実質家なんです。何泊もできます。そう答えると「家にしては小さいですね」とツッコまれました。いわれてみれば、旅行の荷物にしては多いけど、家と考えたらかなりミニマムかもしれません。

スーツケースの中身は、透明のコップ、着替え、トレーニングウエア、ティッシュ、綿棒、延長コード、電気毛布、ニッカウキスキーを入れた白州の瓶、マクドナルドのマスタードソースといった調味料各種など。

マクドナルドのマスタードって持ち歩きに便利。つくねにつけると最高に美味しいんです。1個までは無料でもらえますが、それ以上は1個40円〜で購入できます。後輩に教えたら**「つくねはチキンだから合うのは当然」**と返されました。確かに。ちなみに、「マスタード10個ください」って頼んだとき、アルバイトの店員さんが奥にいるマネージャーを呼びにいかれることがあります。なので、なるべく空いた時間に買いに行っています。

また、夜ご飯はコンビニで買って、ホテルで食べるようにしています。いろいろ考えた末の結論ですが、コンビニで一番安上がりなのは豆腐です。ただ、豆腐を買っても醤油《しょうゆ》がついていないのが難点。だから、醤油も常備しています。

それと、現場で延長コードを使うときは、自分のものだとわかるように名前を書いています。安いビジネスホテルは寒くて隙間風もひどいですが、電気毛布を使うと意外と快適。ただ、大抵ちょうど良い場所にコンセントがないので、延長コードは必須です。これで出張先でも快適に過ごせます。

ほんだ先生の補足メモ

住宅選びでは将来のライフスタイルや家族構成の変化を見据えることが重要です。とくに成長期の子どもは自分だけの空間を求めることが多く、狭い部屋ではストレスを感じる場合もあります。途中で引っ越さない前提でマイホームを購入するのであれば、子どもが成長するにつれて必要なスペースが変わる可能性や、在宅勤務の増加によるワークスペースの必要性など、長期的な視点で住まいを選ぶことが大切です。

また、住宅の資産価値や再販価値も考慮できるといいでしょう。極端に狭い部屋や特殊な間取りの住宅は、将来的に売却や賃貸に出す際に不利になる可能性もあります。戸建ての場合は集合住宅より断熱性に劣る点も留意したいところです。

マイホームを家族が帰ってくる場所として考えるのであれば、家族全員が将来にわたって快適に過ごせる間取りを考えたいですね。

009

住宅ローンはインフレに強い固定金利で

住宅／家計管理

難易度 ★★☆☆☆

住宅ローンには「変動金利型」と「固定金利型」の2種類がありますが、現在の**インフレ時代にローンを組むなら固定金利を選ぶべきです。**

変動金利は今こそ低金利が続いているものの、政策金利の影響を受けやすいので注意が必要です。日本銀行の追加利上げが日々取り沙汰されていますが、実際に金利が上がったら返済額が増える可能性もあるんですよ。目の前の金利の低さに飛びつくのはいいですが、あとで大変な思いをするかもしれないリスクは、頭に入れておかないとダメですね。

一方の固定金利は住宅ローンを返済している間、金利がずっと一定です。**借りた時点で金利が決まるので、インフレや利上げの影響を受けにくいです。**インフレが進むと金利は上がる傾向にありますから、固定金利はインフレ対策として有効とされています。変動金利と比べると、借入当初の金利が高めに設定されますが、「金利が上がったらどうしよう」とハラハラしないで済む点がメリットです。

僕はインフレに強い固定金利がいいと思って、32年の固定金利ローンを組みました。でも僕の場合は年齢がネックになって、借入期間に制限がある銀行もありましたよ。ある銀行では「うちでは15年が限界」っていわれて、改めてローンを組む条件の厳しさを実感しました。芸人、厳しいです。

ほんだ先生の補足メモ

住宅ローンの金利は大きく「変動金利型」と「固定金利型」の2つに分かれます。変動金利型は借入期間中の金利が一定ではなく、将来的に上がる可能性があります。ただし、当初の金利は固定金利型より低い傾向があります。

固定金利型は借入期間中の金利が常に一定です。家計管理においては、返済額が固定されている固定金利が有利にみえますが、変動金利に比べて利率が高く、現状の金利が今後も続いた場合は変動金利に比べて返済額が多くなります。

金利が上がるかどうかは確実ではないため、固定金利か変動金利かの選択は、家を買う段階で行う賭けに近いといえます。

ただし、借入時点の変動金利の利率を前提に、借入資金や返済計画を考えることは避けるべきです。変動金利でローンを組むと、わずかな金利上昇で返済が苦しくなり、その結果家を手放さざるを得なくなる可能性もあります。

返済計画は固定金利でも返済できるような金額で立てること。そのうえで、借入時点での金利や、将来の金利上昇リスクなどを踏まえて固定か変動かを選択しましょう。

GACHI MONEY 010

家を買うならサラリーマンのうちに

住宅

難易度 ★☆☆☆☆

もしサラリーマンが脱サラして個人事業主になったら、**住宅ローンの審査が通りにくくなる**

点は気をつけてください。家が欲しいなら、サラリーマンのうちに購入しておくのが賢い選択です。個人事業主になったあとは、収入実績を3年分ほど積まないといけないので、すぐに審査を通すのは難しくなります。

これはなんの裏も取れていない都市伝説みたいな話なので聞き流してほしいんですが……芸人は「芸風」もチェックされているかもしれません。MCとしてどのくらいの実力があるか、しっかりと漫才しているか、このギャグは1年で飽きられてしまうんじゃないかといったところを見られているらしいんです。

地域と認知度の関係も審査に影響するとか。例えば僕の場合、関西では認知度がそれなりに高く、地元の銀行で審査が通りやすいという噂《うわさ》を耳にしました。事実、関西の銀行でお金を借りることができました。

ほんだ先生の補足メモ

審査に影響があるのは住宅ローンだけでなく、クレジットカードも同じです。年収500万円のサラリーマンと、年収500万円の個人事業主を比べた場合、信用度には大きな差があります。クレジットカード会社やローン会社の視点からみると、サラリーマンは翌年も同程度の収入が見込めますが、個人事業主は翌年の収入がゼロになるリスクがあるため、信用評価は同等にはなりません。

そのため、脱サラして個人事業主として年収が増えるとしても、増加分が100万円や200万円程度であれば、信用の低下によるデメリットの方が大きい可能性があります。

最も賢い選択肢は、サラリーマンを続けながら副業として個人事業主となることです。実は、税務署に書類を1枚提出するだけで個人事業主になれます。個人事業主になれば、事業に必要な費用を経費として計上できるため、節税効果も期待できます。

011

安易な繰上げ返済は気をつけよう

住宅／家計管理

難易度 ★★★☆☆

お金に余裕が生まれた場合、繰上げ返済したほうが良いかどうかはよく聞かれる質問です。

このときに安易な繰上げ返済をするのには気をつけたほうがいいです。

住宅ローンを借りている人は、死亡時に残債が保障される団体信用生命保険に加入します。例えば3000万円のローンを組んでいる人が、1000万円の余剰資金ができたので、1000万円繰上げ返済したとします。そのタイミングで旦那さんに不慮の事故が起きた場合、残債は保障されるので、家族には家だけが残ることになります。

逆に1000万円の余剰資金を繰上げ返済に使わなかった場合。同じタイミングで旦那さんが亡くなってしまったとしても、3000万円のマンションが団体信用生命保険でローンがなくなって、家と1000万円の現金が残ります。現金がある分、もしものときに生活にゆとりを残せるのです。

また、「住宅ローンは金利が低いんだからそのままで、手元の資金は投資に回したほうが良い」という考え方もあります。投資信託や株式投資で年5％のリターンを期待できれば、確かにローン金利よりも得する計算です。住宅ローンを繰上げ返済するよりも合理的だという人もいます。ただ、気をつけたいことがあります。

海外の金融資産を絡めて運用する場合、為替のリスクがあるということです。為替変動によって利回り以上の損をしたり、保有資産の評価額も下がったりする恐れがあります。

ほんだ先生の補足メモ

繰上げ返済にはメリットもありますが、実際に行うかどうかは慎重に検討しなくてはいけません。繰上げ返済をすると手元の資金が減少します。旦那さんが死亡までいかなくても大きなケガなどにより、繰上げ返済後に予期せぬ大きな出費が発生すると、生活が圧迫されるリスクがあります。また、繰上げ返済にせよ住宅ローン控除で損をする事実も見逃せません。控除はローン残高に応じて決まるので、繰上げ返済で残高が減ると、控除の恩恵が小さくなってしまいます。

考えるヒントとして、住宅ローン自体が比較的低金利のローンであることは知っておきましょう。利息の軽減効果を期待して繰上げ返済をしても、その効果が思ったほど得られない場合があります。もし繰上げ返済の目的が「残高を減らして安心したい」という理由だけなら、そもそものような不安がある状態で住宅ローンを組むこと自体が適切だったのか、振り返る必要があるでしょう。

それでも、毎月の返済が大きいことでのケガや失業といったリスクが気になる場合は、それらに対応する保険を検討するのもひとつの方法です。

GACHI MONEY

012

リバースモーゲージをしたおじいさんはどうなる？

住宅／節約

難易度 ★★★☆☆

リバースモーゲージ、ざっくり説明すると自宅を担保に生活資金を借り、毎月利息だけを支払うしくみです。契約者が亡くなると、担保にしていた家を売って借金を返済します。

注意点があります。リバースモーゲージの多くは**変動金利なので金利が上がると毎月の返済額も増えますし、生きているあいだに融資限度額に達した場合、それ以上は融資を受けられません**。土地や建物の価値が下がれば、融資限度額自体が見直される可能性もあります。

利用時に気をつけたいのは金利の存在です。金融機関にもよりますが、リバースモーゲージの金利は3％ほど。もし1億円を借りた場合、月々の支払利息は25万円もかかってしまいます。

10年だと総支払い額は３０００万円。20年で６０００万円に。**1億円借りても、半分以上は利息の支払いに使わなくてはいけないわけです。**もっと長生きする場合もありますから、安易に借りるのは気をつけたほうがいいかもしれません。

ほんだ先生の補足メモ

リバースモーゲージでは担保物件の売却時に住宅価格が下がっていると、元本を完済できない可能性があります。亡くなった人の借金は子どもなどの相続人が引き継ぐため、子どもは親の死亡と同時に借金を背負うことになります。

借金を残さないようにするのであれば、「ノンリコース型」を選択しましょう。ノンリコース型は金利こそ高めですが、万が一、死亡時に借金が残っても相続人が支払う必要はありません。

GACHI MONEY

013

芸人の平均月収は約40万円、中央値は5万円、あくまで想像ですが

家計管理

難易度 ★★★☆☆

「平均値」だけで判断するのって、あまり意味ないことなんですよね。あくまで僕の想像でしかないのですが、芸人の月収は平均40万円くらいなんじゃないかと思います。芸人はおよそ6000人いるのですが、それに対して中央値、つまり上から3000位の人の収入は、月5万円くらいだと思います。平均は超売れっ子が持ち上げているだけなんです。平均はトップ層が引き上げていることが多いんですよ。ちなみにプロ野球選手の平均年棒は4713万円、中央値は1800万円です（※）。**結局、この「平均値」と「中央値」のギャップを理解しないと、本当の姿は見えてこないんですよね。**

※日本プロ野球選手会より

生活スタイルや環境によってもデータの解釈は変わりますよね。独身で都会に住んでいる人と、家族持ちで地方暮らしの人だったら、必要なお金の感覚が全然違うわけです。「平均的な生活費」「一般的な収入」の数字が、個人の現実とは一致しないのはよくある話です。

だからこそ、データで物事を判断する際には、平均だけでなく、分布や背景まで含めて考える必要があります。僕も、データに踊らされないよう気をつけています。「その数字ってどういう人が引っ張ってるんだろう？」とか、「このデータの裏には何があるんだろう？」って考えるクセをつけると、見えてくるものが増えるんですよ。

014

税金支払いはキャッシュレスでポイントゲット

家計管理

難易度 ★★★☆☆

最近は固定資産税や住民税、自動車税など、ほとんどの税金が電子マネーやＰａｙＰａｙといったキャッシュレス決済に対応しています。チャージでポイント還元がある決済方法なら、**一旦チャージしてから支払うことで実質的に税金支払いでポイントゲットできます。**

病院もクレジットカード対応の場所が増えています。とくに歯医者は、ほかの診療科と比べて美容医療に近いサービスを提供しているケースが多くて、キャッシュレス対応も進んでいる印象です。ＰａｙＰａｙ払いが可能なクリニックもあるから、治療費を払いながらポイントを貯められますよ。

そういえば、柔道部時代、練習を１回休むごとに10回の投げ込みを受けなければならないというポイント制度が作られました。相方の高橋茂雄は休みまくって、２００回分の投げ込みを溜《た》め込んで、最終的に「八木さん、なんとかしてください」と助けを求めてきたので、ゼロにしてあげました。

一番強烈だったポイントシステムは大阪の西成で見かけたものです。弁当についてくる割り箸の袋を5個集めると、白ごはんがタダになるんですよ。ポイント史上一番ハードルが低いしくみだと思いました。

ほんだ先生の補足メモ

地方税の支払サイトでクレジットカード払いを選択した場合、システム利用料が発生する場合があります。手数料はだいたい0・8%程度のため、還元率が1%以上のクレジットカードであればギリギリおトクとなりますが、実質的な還元率はかなり下がってしまいます。

そこで活用したいのが2022年から始まったスマホ決済です。スマホで決済した税金に対して直接ポイントが付与されるわけではありませんが、納付のためのチャージ額に対してはポイントが付与されるケースがあるため、実質還元を受けられるといえます。

ただし、キャッシュレス決済の種類によっては、国税、地方税のいずれかしか支払いに対応していないケースもあるため、注意が必要です。また、クレジットカードからのチャージでは、月額の上限額が設定されていると多額の税金を納付できない場合もあるので、あらかじめ確認しましょう。

第 2 章

お金を増やす

GACHI MONEY

015

蕎麦が400円から700円になるのがインフレ

投資

難易度 ★☆☆☆☆

モノやサービスの値段は年を追うごとに緩やかに上昇していて、相対的に実際のお金自体の価値が目減りしているんです。**10年前と比較して物価が10％上がったとしたら、当時から貯金していたお金の価値は約91％に目減りしたということになります。**これがインフレです。

物価の上昇は企業にとっては売上アップにつながり、従業員の給料が増えたり、株価が上がったりする可能性もあります。ただ、僕はいい面だけではないと思っています。

物価高の影響は外食に行くと強く感じます。最近、大手中華料理チェーン店に行ってラーメンと小ライスを頼んだら950円でした。間違っているのかと思いました。体感、昔の1・5倍になっています。

物価が上がると、企業は仕入れコストが上がります。さらには従業員の人件費も上げる必要があります。なので、商品を値上げせざるを得ません。一方で、僕たち消費者目線では水道光熱費も上がっているので、ほかのことに使えるお金が減ります。使えるお金は減っているのに、モノの値段はどんどん上がっていく。かなり厳しいと感じます。

ほんだ先生の補足メモ

例えば、1万円を手にしたとき、多くの人はその額面をそのまま基準としてしまいがちですが、実際に生活を支えているのは「1万円分の価値」です。もし物価が上がれば、同じ1万円でも買えるものが減ってしまいます。だからこそ、この「価値」を基準に考えることが大切です。

「給料が上がらないのに物価だけが上がっている」という印象が強い人は「お金を増やす手段は労働、銀行に預けておけば安心」という思考から脱する必要があります。インフレの観点で考えれば、株式投資や投資信託は「お金の価値を守りたい人がやるもの」で、銀行に預けているだけだとお金の価値が目減りして「危険」です。

私たちは商品やサービスの購入を通じて企業にお金を払っていますが、その利益は株主に還元されています。資産運用をしている株主は私たちの支払いから生まれた利益を使ってさらにお金を増やしているわけです。まずは自分のお金の価値を守るという意識を持ち、少額からでも資産運用に目を向けてみましょう。

016

お金に興味を持ったきっかけは「ハワイ」

投資

難易度 ★★☆☆☆

お金に興味を持ったきっかけは「ハワイ」です。それまでの僕は1ドルが何円かも、日経平均って何かも知りませんでした。ハワイに行ったときに初めて**「そうだ、お金は日本の円だけじゃない。世界でもお金は動いているんだ」と実感したんです。**

それで思い切って、1万円をドルに両替してみたんです。そうすると、レートの変化が妙に気になり始めるんですよね。「あれ？　円安ってこういうことか」とか「お金ってこんな風に動くんやな」とか、自然と学びが増えていく感じでした。そこから、株式市場にもどんどん興味が広がっていきました。

投資を始めるなら、まずは少額でもいいので「ちょっと買ってみる」ことが大事です。例えば、僕みたいに1万円を為替に入れてみるとか。それだけで、「これ高いのかな？　安いのかな？」って自分なりの判断基準が見えてくるんですよ。

僕も最初は為替から入りました。

要は、なんでもいいから最初の一歩を踏み出すのがポイントです。大きな利益を狙う必要なんて全然なくて、小さな金額でも「自分のお金が動いてる」って実感すると、視野が広がるし、興味もどんどん湧いてきますよ。

ほんだ先生の補足メモ

私のお金への興味は、大学生のときに株式を買った瞬間から始まりました。私はFP資格を目指すみなさんに知識を伝えている立場ですが、やはり机の上だけで勉強していても、何も頭には入ってこないと思います。私自身が独学でFPの勉強をしていたときは、実際に資産運用していたこともあって、金融資産運用の分野だけはスルスルと理解できました。

みなさんも国の年金や民間の保険には入っていますし、税金は強制的に払い続け、野宿でもしていない限り、住宅を持っているか借りているはずです。これらの分野は、まず自分が払っているものの理解から始めると、苦手意識なく身につけられると思います。

お金の勉強と聞くと難しく思うかもしれませんが、要は自分の人生の予習と復習です。払ってきたものを見直し、これから払うもの、得られるものを確認する。これを今からやっているかどうかが、人生の豊かさに直結すると思います。

GACHI MONEY

BRASIL

017

人生は、どれだけ早く利益が生まれるしくみに投資できるかで決まる

投資

難易度

★☆☆☆☆

居酒屋のボトルキープは最初の支払いは高いけれど、同じ量を1杯ずつ注文するよりも支払いは安く済みます。浮いたお金でまたボトルを購入すれば、ずっと安くお酒を飲めるしくみを作れます。

なるべく早くおトクな選択をすることで、その後もずっとおトクが続く。これが後々の人生に効いてくるんですよ。

資産形成も同じです。積立投資こそ、トクするしくみの王道なのです。投資をするとその月に使えるお金は減ってしまいますが、その分、利益が生まれて資産が増えるかもしれません。最初はちょっとずつの利益でも、長く続けていけば大きな差になります。

ボトルキープで貯めたお金を、投資に回していく。最初のうちは、利益はとても小さいかもしれませんが、**長い時間をかけてコツコツやっていくと、大きな利益を生み出すしくみに成長しますよ。**

一方、借金は損するしくみといえます。お金を借りている間はずっと利息がついて、その分返済額も増えていきます。もちろん、借金をしてビジネスを起こすなど、最終的には利益を生む使い方もあるかもしれませんが、借金単体で考えると資産は減っていきます。例えば4％の金利でお金を借りた場合、返済額は18年で2倍に。元本と同額の利息も返さないといけなくなるのです。

貯金や投資をして利益をゲットするのか、借金して利息を支払い続けるのか、どちらの人生がいいですか？　僕は絶対に借金が嫌で、若い頃から節約を徹底していました。芸人仲間が劇場で自販機を使っていても、僕は家から持ってきた水筒でお茶を飲んでいました。お茶っ葉も3回使います。僕のお茶を飲んだ芸人仲間が「薄っ」と驚いていました。

ほんだ先生の補足メモ

八木さんの金利の話は「72の法則」として知られています。これは運用した資産が投資元本の2倍になるために必要な年数や利回りを計算できる法則です。

72÷年利回り（%）＝2倍になるまでの運用期間

例えば、年利4%の金融商品に投資していたら、72÷4＝18となるので、18年後に2倍になるということです。子どもが生まれたタイミングで利回り4%の金融商品に投資していれば、成人するタイミングで2倍になったお金を渡してあげられます。しかし、金利はプラスにだけ作用するものではありません。クレジットカードのリボ払いなどは利息が年率15%程度。返済をしなかった場合、72÷15≒5なので、5年弱で借金が2倍になってしまうのです。

GACHI MONEY

018

最初に苦労を買って、後から楽しよう

投資

難易度

★☆☆☆☆

独身時代こそ、苦労を買うべきなんですよ。**人生でいちばんリスクを取れるのは20代の頃。後になればなるほど、巻き返すのが難しくなります。**

僕も20代は本当にお金がなくて。28歳くらいになってやっと貯金できるようになったんですけど、結婚したらもう……。結婚式にお金かかるわ、家を広くしなきゃいけないわ、子どもができたらもっとかかるわで、全然貯金なんてできませんよ。だから独身の頃の頑張りが大切です。

とくに独身の方に伝えたいんですけど、結婚生活ってびっくりするくらいお金がかかります。例えば家族でフードコート行くでしょ？　もう3000円なんてすぐですよ。「結婚したら貯金できるかな」なんて考えている人もいるかもしれませんが、正直、できないと思って準備しておいたほうがいいです。

仕事場までの交通費も必死に節約して、ずーっとホンダのＤｉｏ（原付スクーター）に乗っていました。走行距離が4万キロ、地球一周分くらいですかね。でもこれがまた、いたずらの標的になっちゃって。バックミラーを抜かれてチュッパチャプス刺さってるわ、後ろに風船ぶら下げられてるわ、ヤンキーにシートの綿を抜かれるわで……。最後はメットインが壊れちゃったんですけど、当時のマネージャーがそのメットイン、給与明細とかお知らせを入れる郵便受けとして使うようになったんです。いや、みんなどこまで使い倒すねんて。

僕のなかの最強の節約方法を教えます。「ミライちゃん」です。金髪の人形に「ミライちゃん」と名前をつけて、キャバクラやガールズバーに行く代わりに、ミライちゃんのお洋服を買ってあげる。とても楽しく節約できました。今、我が家で一番高い服を着ているのはミライちゃんです。

GACHI MONEY

019

買い物でストレスを発散しても、資産は減らさない

投資

難易度 ★☆☆☆☆

保有資産の規模が大きくなると、自分自身がいくら使ったかわからなくなると聞いたことがあります。なぜかというと、投資と消費のラインがわからなくなってくるから。

例えば高級ワインや車、絵画などを買ったとしても、資産性があるので値上がりします。すると、やっぱり投資になってくる。

これって資産規模が小さくても考え方は同じだと思います。**お金の使い方次第では、「買い物したい」と「お金は減らしたくない」っていう矛盾する気持ちを両立させられるんです。**

例えば株式投資。株式は基本的に100株単位で売り買いをしますが、最近は1株から買える金融機関も増えています。1株なら、1000円くらいから投資もできますよね。ポチッとボタンを押して注文したらすぐ買える。でも株式って資産じゃないですか。**だから「買い物した！」って満足感は得られるけど、お金が消えてなくなるわけじゃない。**むしろ増えるかもしれない。これが「資産が減らない買い物」というわけです。

ほんだ先生の補足メモ

「投資」と「消費」の違いは、使ったお金よりも多くの価値を得られるか、にあります。

例えば10万円で買ったブランドバッグを使わずにフリマサイトで売る場合、購入時と同額で売れるケースは少なく、せいぜい買値の半額以下になるでしょう。価値が残らないため、これは消費です。

一方、パソコンのように経年劣化で商品自体の価値は下がっても、それを活用して収入が得られる場合は投資であると考えられます。購入時よりも価格が上がる可能性のある金融資産の購入も投資です。

ただし、投資初心者は株式や投資信託の値上がり益に期待しすぎてはいけません。「金融資産の購入は投資だ」と安易な気持ちで購入すると、ストレス発散どころか値下がり時にストレスを抱える原因にもなりかねません。購入後、10年ほどは落ち着いて見守れるような金額から投資を始めるようにしましょう。

GACHI MONEY 020

投資は自分自身を見つめ直してから

投資／投資戦略

難易度 ★★★☆☆

投資って、自分のことをしっかり見つめ直すところから始めるのがセオリーなんですよ。自分の仕事はどうか。何を目指して投資するのか。どれくらいなら投資できそうか。いろいろ反省してから行動に移さないと、身の丈以上の投資をしてしまいます。

手始めに、1年の仕事の流れがどうなっているのか確認します。なんばグランド花月に立っているような漫才師さんはある程度仕事が安定しているからリスキーな投資もしていけます。でも、僕みたいなギャグ芸人は正直安定していない。手堅く日経平均みたいなところにお金を置いておいたほうがいいんですよ。地味ですけど。

もし完璧に未来を予測できるなら、いくら投資したって問題ありません。でも、そんなことはできません。投資が難しいのって、余計なことをする人がいるせいなんです。クラスに1人はいたような人たちです。もしすべての投資家が「勝つための正しい行動」をとっていたら、みんな同じ取引をするし、相場の予測も簡単になります。そうならないのは、全員が勝ちたいと思っている前提で予測しているのに、「もうこんなん知らん！　負けてもいいわ！」みたいな人が入ってくるせいです。当然すべての計算が狂いますよね。

そんな人はクラスに1人いるわけですから、投資の世界にだって必ずいます。将来の予測なんて不可能。だから身の丈に合った投資をコツコツ続けるのが大事なんです。

投資のセオリーをもう1つ紹介しておきましょう。それは「予測で買って事実で売る」です。一般の人がなかなか投資で勝てないのは、ニュースなんかで情報を知ってから投資するからです。「こうなるかも」という予測の段階で買って、ニュースに出たら売る、っていうのが本当は一番いいんですよ。難しいですけどね。

ほんだ先生の補足メモ

現状に余裕がない場合、無理に投資を始める必要はありません。まずは収入を上げることが大切です。家計に余裕がないのに無理して積立投資を始めると失敗します。理由は2つあります。

1つ目は、金融資産の運用は短期で結果が出るものではないということがあります。結果がわかりづらく、ゴールが見えないためモチベーションを保てません。

2つ目は、生活を切り詰めた無理な投資は「絶対に失敗できない」と精神的にプレッシャーが発生する点にあります。相場は下がりっぱなしということはなく、一度下がっても必ず上昇に転じます。しかし、心の余裕がないと、一時的な下落相場でもパニックを起こして、損失を抱えたまま投資をやめてしまいます。

もし今からでもコツコツ始めたいという人は、「そのお金が払った金額以上に自分に返ってきているのか？」という観点で家計を見直し、不要なお金を資産運用に回してみてはいかがでしょうか？　なんとなく続けているサブスクや、健康に悪いと思いながらも続けているタバコをやめて浮いたお金を回す方法なら、今日から無理なく実践できるはずです。

GACHI MONEY

021

投資は少額↓高額、パチンコは1パチ↓4パチへ

投資／投資戦略

難易度 ★☆☆☆☆

「白線の上、歩いてみて」っていわれたら、歩けますよね。でも「ビルの縁を歩いてみて」っていわれたら、できないでしょ？ 芸人の世界でいえば、普段は普通に話せるのに、目の前に明石家さんまさんやダウンタウンさんがいたら緊張して話せなくなります。

投資も同じで、「あ、もしかして爆上がりするかも！」とか「ヤバい、もっと下がるかも……」とか、**プレッシャーがかかると正常な判断や行動ができなくなるんです。**要は増えても減っても自分を見失わないよう、取引自体に慣れることが大切なわけです。だからこそ最初は少額で淡々と。減ったとしても気にならない程度の金額で始めて、プレッシャーに慣れてから徐々に投資額を増やしていくのがいいと思います。

投資って、最初から大金を動かそうとするのも危険です。例えば退職金が入ったとしても、ドカンと一気に投資せずに、少しずつ分けて投資するのが大事。初心者のときって、チャートを見ても「今って高いの?安いの?」ってわからないじゃないですか。逆転や一人勝ちを狙お

うとするとかえって失敗するので、淡々と投資するのがポイントなんです。

そうはいっても、実際に淡々とやるのって難しいんです。**人は不思議なもので、うれしかったことよりも悔しかったことのほうが、インパクトが強いらしくて。**100円の得と100円の損なら、損のほうが金額が大きいように思えるし、ずっと記憶に残ります。

僕も株をやり始めたときに81万負けたことがあるんですけど、もう頭が真っ白になりますよ。夜空を見上げて「81万あったら何ができたやろ。うまいもん食えたかな」って考えてしまって。

なんで負けるのか。それはパチンコでいうと、負けていることに焦って、引き際を見誤るからです。隣の人が当たりだすと焦って、余計にお金をつぎ込んでしまう。でも冷静になれば、焦る必要なんてないんです。その人だってその日たまたま運が良かっただけで、他の日は僕みたいに負けていたかもしれない。僕一人が負けているわけじゃないんです。

初心者って負けることへの免疫がないから、パニックになりやすいんです。負けを過大評価しがち。だから何事も最初は少額から始めるべきなんです。投資も経験が長くなれば、負けにも慣れてきます。多少負けても「まあ、トータルで考えよう」って余裕も出てきます。

これもパチンコで例えると、最初から４パチに行くんじゃなくて、まずは海物語の99分の1を1パチで打って、練習してから４パチに行こか、みたいな感じです。

ほんだ先生の補足メモ

金融機関で退職金運用の案内ポスターをよく見かけますが、投資経験のないサラリーマンが退職金のような大金を運用しようとすると、多くの場合で失敗します。商品選びやリスク管理の知識がないため、手数料が高いだけの商品を買ってしまい、運用で増やすどころか資産を減らしてしまう可能性もあるからです。

ネット証券では投資信託を100円から購入できたり、現金ではなくポイントで投資できたりする場合もあります。これらのサービスを活用して、まずは市場価格が値下がり、値上がりするという感覚に慣れておくことが大切です。

GACHI MONEY

022

投資は長期のほうが勝ちやすい

投資

難易度 ★☆☆☆☆

いきなりですけど、「はい、100万円あげます。1週間で300万円にしてください」って言われたらどう思います？　かなり厳しいですよね。でも、これが30年かけていいよって言われたら、なんかできそうな気がしませんか。

基本的に右肩上がりの株に投資しておけば、チャートがガタガタ上下しても、どこかで「あ、ここで売ろう！」っていうタイミングが来るものです。**投資って、期間が長ければ長いほど有利ともいえます。だから若いうちから始めるのが理想**なんですよね。

実は僕、30歳の時に証券会社の人と相談しながら自分の資産の「ポートフォリオ」を作ったんです。ポートフォリオっていうのは、いわゆる資産の内訳を示した全体図です。日経平均に投資したり、アメリカや欧州といった先進国のファンドに入れたり。世界の債券に投資するものとか、これから伸びそうな新興国、アジアのインデックスファンドとか、バランスよく分けて投資しました。

ちなみに、10年間くらい保有したところで利益確定しました。利益は出たんですが、そのあとさらに上げました。今でもチャートを見るたびに、少し後悔しています。

ほんだ先生の補足メモ

株式投資のメリットは株価が上がったときの利益（キャピタルゲイン）だけではありません。意外と重要なのが、配当金や株主優待といった定期的に得られる利益（インカムゲイン）です。

「どの銘柄がどのくらい上がるか」を見極めるのはプロでも簡単ではありません。しかし、配当金や株主優待は企業によっぽどの事情がない限り、確実に手に入れられます。投資初心者はインカムゲインを狙って投資先を選ぶのも1つの手でしょう。自分が日常でよく使うサービスや応援したい企業の銘柄から探すという方法もあります。

さて、八木さんが紹介しているのですが、投資信託は大きく2種類に分かれます。一つが、インデックスファンドです。日経平均など、特定の指標に連動する値動きを

インデックスファンドとアクティブファンドの違い

	インデックスファンド	アクティブファンド
運用スタイル	指数に連動する運用を目指す	指数を上回る運用成績を目指す
特　　徴	指数の動きに連動できる投資先を選ぶ	投資先企業を運用担当者が独自の判断で選ぶ
メリット	コストが低い 市場の動きに沿った運用ができる	選択肢が豊富 高いリターンを期待できる
デメリット	選択肢が少ない 市場全体が値下がりすればファンドも値下がりする	コストが高い 必ずしもインデックスに勝ち続けられない

目指します。そしてもう一つが、アクティブファンドです。市場平均を上回る成果を目指す代わりに、コストも高い傾向があります。

上記がそれぞれの特徴ですが、これから資産運用を始めるという人であれば、インデックスファンドがオススメです。アクティブファンドは資産運用にかなり慣れてきた人が、自分の運用商品にこだわりたい場合に検討すべきものであり、インデックスファンドであっても、将来に向けた資産形成は十分に可能です。

GACHI MONEY
023

ポートフォリオには常に余力を残しておく

投資／投資戦略
難易度 ★★★☆☆

投資で絶対やっておきたいこと。それは「余力を残しておく」ことです。

例えば300万円投資してる人がいるとします。その人がもう300万円を投資するとしたら、その300万円は低リスクなMRF（マネー・リザーブ・ファンド）みたいに安全な資産として置いておいたほうがいいんですよ。なぜかというと、相場が下がったときにパニックにならないようにするためです。

投資している商品が150万円に値下がりしても、それとは別に300万円を確保してますから、むしろ「あ、ここがチャンスや！」って冷静な判断もできます。**ただ、この余力もチャンスだからって一気に突っ込まず、ちょっとずつ分散して使うのが大切です。**お金は使い切らずに少し置いておくことも投資の鉄則だと思っているので。

あとは、チャートの「沼」の怖さを知ることです。日経平均の30年チャートとかを見るとわかるんですけど、「ここが底だな」と思ってもさらに底があるんです。過去のチャートを見て、一番底、二番底といくつも底があることを知っていたら、「こんなこともあるか」と、それほどパニックにはなりません。

要するに、お金はいつも余力を持たせておくことと、チャートには沼があるということ。**お金と気持ちの両方に余裕を持つことを意識**しておけばいいと僕は考えています。

ほんだ先生の補足メモ

MRFとは、証券会社に入金した際に自動的に運用されるお金で、金融機関の「預金」に近い位置付けです。ただし、最近人気のネット証券では、系列のネット銀行から即時入金できる場合も多く、あえて証券会社のMRFに置いておく必要はないかもしれません。

また、金融商品を買い足す際に重要になるのがリバランスの考え方です。例えば、現金と投資信託を1対1の割合で持ちたいと考えており、300万円の投資信託と300万円の現金を保有している人がいたとします。ここで、投資信託の評価額が20

0万円まで値下がりした場合、いくら追加で投資信託を買えばいいでしょうか。
現時点での資産合計は、投資信託200万円＋現金300万円＝500万円です。500万円を1対1の比率で投資信託と現金で保有したいため、それぞれ250万円になれば良い。すなわち買い足すべき投資信託は50万円分となります。
あらかじめ、自分の年齢に合わせて各資産の保有割合（アセットアロケーション）を決めておくと、保有資産の価格変動時にも落ち着いて調整ができますよ。

GACHI MONEY
024

価値が上がった「資産」ではなく、その波及先を考える

投資

難易度
★★☆☆☆

なぜ投資先を分ける分散投資が大切なのか。それは、あらゆるモノの値段はつながっているからです。

株や仮想通貨など、あらゆる金融商品の価値が揃《そろ》って上昇するタイミングがあります。その

陰では、食料といった「モノの価値」が下がっています。投資では、価値が上がった「資産」だけでなく、その波及先を考えると面白いですよ。

金融商品とモノの関係はシーソーのようなものです。金融商品の価値が上がり続けていると地球上の全体的な価値が膨らんでいるように感じますが、**実際は「何かの価値が上がるとき、何かの価値が下がっている」という関係性になっています。**

だからこそ投資では、関係性の整理が重要なんです。例えばドルの価値が上がると、円の価値が相対的に下がる。ゴールドはよくリスクヘッジの資産として扱われますが、実はドルの為替の影響を受け、密接な関係にあります。

S&P500とオルカン（オールカントリー。全世界株式を対象に投資する投資信託の略称）は似たような値動きをするため分散投資になりません。同じように日経平均とダウ平均も似た動きをします。こうした関係性を知っておくと、相場が動く理由がわかりやすくなり、投資戦略が立てやすくなりますよ。

では、結局のところどうやって分散投資するか？　シーソーの真ん中に置ける、安定した資産を選べばＯＫです。とくに**円やスイスフランの現物は「リスクヘッジの核」となります**。成長はしないけれど、こうした安定資産をポートフォリオに組み込むことで、全体のバランスが取れた投資が実現します。

GACHI MONEY

025

積立投資は逃げ場が大事

投資／投資戦略

難易度 ★★☆☆☆

定期的にコツコツと金融商品を購入する積立投資は高値で買い続けてしまうというリスクもあります。株価が下がったときに買うのが効果的ですが、買い場を見つけるのは経験者でも難しいんです。ですから、一般的に積立投資をしたほうがいいんです。

毎月一定額を定期的に購入していくと、価格が低いときは購入数が多くなり、価格が高いときは購入数が少なくなります。**続けていくと単価あたりの購入金額を抑えられるので、価格変動リスクも軽減できるんです**。これが積立投資の強みといえます。

一方で、これも意識しておいてほしいんですけど、積立投資の一番のリスクは「出口付近」

にあります。

お金を積み立てていくと、最初は少額でも、時間をかけていくほど資産がどんどん大きくなっていきます。例えば30歳で積立投資を始めたとすると60歳くらいが一番資産が大きく、同時に一番リスクも高くなります。1万円の価値が10%下がっても1000円しか損しませんが、3000万円の価値が10%下がると300万円の損になります。しかも、それが資産を引き出そうとしている間際のことだったら……値が戻るのを待つ時間もありません。

これらの理由から、僕は運用10年目くらいから「逃げ」も視野にいれたほうがいいと思っています。小分けに売ってもいいですし、半分だけ売る方法でも構いません。とにかく少しずつ資産を逃がしていくんです。60歳がゴールだと思っていて、55歳あたりで大暴落してしまったら、それはもう悲惨ですよ。例えば20歳から投資を始めるなら、60歳までの折り返し地点である40歳くらいなど、**半分手前くらいから出口のことを考えたほうがいいですね**。

僕は、30歳くらいからドルコスト平均法で資産形成していましたが、40歳で一回全部売っちゃいました。その後はポートフォリオを守備型に変えています。

ほんだ先生の補足メモ

NISAを利用した積立投資の場合であっても、出口戦略は非常に難しい問題です。どれくらいの金額をリスク資産にし、どのくらいの現金を手元に残しておけばいいかという最適なバランスを見極めるのは簡単な話ではありません。

1つ参考にするなら、年齢ごとにリスク許容度別のポートフォリオを考えるのがいいでしょう。例えば、運用できる期間が長い20代であれば、資産の90％以上を株式投資信託のようなリスク資産にしてしまっても問題ありません。一方で、定年退職前の50代であれば、暴落時に労働収入でリカバリーすることが難しくなります。このような万が一の暴落に備え、債券などの比較的安全な資産の割合を増やしておくことがオススメといえます。

GACHI MONEY

026

金利は「用意した金額」次第で威力が増す

投資／投資戦略

難易度

★☆☆☆☆

アメリカの国債って今、年利4%なんですよ。ということは、**もし1億円あれば年間400万円の収入になるということ**。これならFIREしても十分生活できますよね。とはいえ、1億円を用意できるかというと難しい。理想的なのは5000万円用意して、不労所得を200万円得る。そして残りの200万円はバイトでまかなうといった方法が理想的なセミリタイア像ですね。

金利って、ある程度お金を持っている人にはとても心強い味方なんです。ただし、味方につけて力を発揮してもらうためには、相手のことをしっかり知らないといけません。

なぜ、アメリカの金利はこんなに高いのでしょう。2020年代に入り、コロナ禍とウクライナ戦争でインフレが進みました。インフレを抑えるには、世の中のお金の量を減らさないといけなくなりました。だから金利を上げるんです。

僕は以前、死亡保障に加えて、ドルをベースで買って自分の目標設定を決めておき、目標利回りに届いたら下ろせる生命保険を契約していました。アメリカの4%という利回りを考えると、日本人にとっては有利な保険だったと思います。

もしドルを買うなら、今のドル高円安の理屈についてもおさえておきましょう。

アメリカが政策金利を4％に上げた頃、日本はマイナス金利政策で政策金利をマイナス0・1％に抑えていました。この金利差のため、みんなが円よりドルを買いたがって、円安になったというわけです。ＮＩＳＡが始まってアメリカ株に投資する人が増えています。これもドルを買うのと同じなので円安が進む原因となっています。

じゃあ、この円安はいつ終わるの？　って話ですよね。

・アメリカのインフレが落ち着いて金利が下がるか
・日本が金利を上げるか
・お互い歩み寄るか
・為替介入するか

ただし、為替介入も難しいんですよ。円高のときに円を売って円安にするのは効果がありますけど、今みたいな円安のときは、日本の持っているドルには限りがあるから、難しいです。

僕がはじめてグアムに行ったときは1ドル80円の時代でした。今では信じられない話なのですが、飛行機のなかでビンゴ大会をやる営業でした。スベるかなと思ったのですが、今から海外旅行に行くお客さんで、テンションが高く、めちゃくちゃ盛り上がりました。1泊して、相方とイルカを見に行ったのはいい思い出です。

ほんだ先生の補足メモ

金利には、「単利」と「複利」の2種類があります。単利とは、元本のみに利息が発生するしくみです。銀行の定期預金などは単利方式のものがあります。一方で、重要なのは複利です。複利は元本＋利息に対して利息が発生するため、雪だるま式にどんどん増えていきます。

金利のしくみを正しく理解し、使いこなせるようにしましょう。

GACHI MONEY

027

景気判断の指標は米国10年債

投資／指標

難易度 ★★★★☆

経済のスタートって、全部アメリカから始まるって捉えるとわかりやすいですよ。アメリカの選挙とか雇用統計とか、そういうのがすべての始まりです。

僕はアメリカの10年国債が判断の軸になると思っています。雇用統計をもとに金利が４％から３％に減ったり、５％に増えたりといった具合で調整されています。

10年物の国債利回りでわかる長期金利は「経済の基礎体温」と呼ばれることもあるんです。好景気では金利が高くなって、逆に不景気では金利が下がる。アメリカの雇用統計や金融政策の発表を受けて政策金利が変動するから、言い換えれば、**金利を見ることで政府の意向も反映した今後の先行きも見えるようになるんです**。

さて、４％に決まったら、今度は「円にしておくのが得なのか？　それともドルにしておくのが正解か？」と、為替の話になります。

為替が変われば今度は株に影響が出ますから、アメリカのダウ平均株価や日経平均株価を確認するようになるはず。つまり、**アメリカ国債を意識しておけば、そこから派生して経済全体を見る習慣がつきます**。

ほんだ先生の補足メモ

経済や資産運用に詳しくなりたいなら、経済状況を知るためにも経済指標をチェックする習慣を身につけておくとよいでしょう。

日本に住んでいると、どうしても日経平均株価が気になりがちですが、日本はアメリカ経済の影響を大きく受けます。源流を知るという意味では、八木さんのいうようにアメリカの経済指標を確認するのが手っ取り早いです。経済に強くなりたいなら、「米国株3指数」「米国長期金利」「米ドルの為替相場」を確認しましょう。これらは経済ニュースでも必ず取り上げられています。

米国株3指数とは、NYダウ工業株30種平均、S&P500、NASDAQ総合指数です。それぞれ組入銘柄は異なりますが、アメリカの企業、つまり全世界に影響を及ぼす企業の調子が総合的に判断できます。

米ドルの為替相場は、輸出入が盛んな日本では無視できない重要な指標です。為替の動きは金利変動にも影響するため、金利に関する知識が少ないとなぜ変動するのかがわからないかもしれません。とはいえ、私たちが毎日食べる食料や身に着ける衣類など、輸入品の価格にも影響する部分なので、現在の相場状況を理解できるスキルはとても大切です。

028

アメリカ経済だけが上がり続けるとは限らない

投資／投資戦略

難易度 ★★☆☆☆

「アメリカ経済は今後も上がり続ける」といわれ、投資先としても人気ですが、実際にそうなるかは疑問です。アメリカが世界のトップに君臨してから、実は１００年も経っていません。

その前はイギリスが覇権を握っていました。

1989年の世界の時価総額ランキング

ランキング	企　業　名	時　価　総　額	国　名
1	NTT	1638.6億ドル	日　本
2	日本興業銀行	715.9億ドル	日　本
3	住友銀行	695.9億ドル	日　本
4	富士銀行	670.8億ドル	日　本
5	第一勧業銀行	660.9億ドル	日　本
6	IBM	646.5億ドル	アメリカ
7	三菱銀行	592.7億ドル	日　本
8	エクソン	549.2億ドル	アメリカ
9	東京電力	544.6億ドル	日　本
10	ロイヤルダッチ・シェル	543.6億ドル	イギリス
11	トヨタ自動車	541.7億ドル	日　本
12	GE	493.6億ドル	アメリカ
13	三和銀行	492.9億ドル	日　本
14	野村證券	444.4億ドル	日　本
15	新日本製鐵	414.8億ドル	日　本
16	AT&T	381.2億ドル	アメリカ
17	日立製作所	358.2億ドル	日　本
18	松下電器	357.0億ドル	日　本
19	フィリップ・モリス	321.4億ドル	アメリカ
20	東芝	309.1億ドル	日　本

ダイヤモンド社(https://diamond.jp/articles/-/177641)より作成

日本がトップだった時代だってあるんですよ。１９８９年の日本のバブル絶頂期、世界で一番時価総額の高い企業は日本のＮＴＴでした。当時は上位20位のうち、実に14社が日本企業だったのです。世界のトップ企業20位に、多くの日本企業がランクインしていたなんて、めっちゃすごくないですか？

しかし、それも昔のこと。「山手線の内側だけで、アメリカ全土を買うことができる」といわれた時代から、ものの20年で日本企業はランキングから消え、代わりに欧米の企業が上位を占めています。**世界は短期間で大きく変わるものなんです。**

僕は近い将来、中国がもっと力をつけていくんじゃないかと考えています。なんでかっていうと、中国は中国共産党による一党独裁制で政策実行の動きがめっちゃ早い。

例えば日本で自動車の自動運転をスタートするには、事故が起きたときの責任の所在やルールを考慮して、法整備に向けた議論を重ねないとダメです。さらに、法律の改正やらなんやらで、手続きに非常に長い時間がかかります。

その点、中国は共産党の鶴の一声でどんどん進めていけます。このスピード感の違いを考え

ゴールド価格の推移（1945〜1947年）

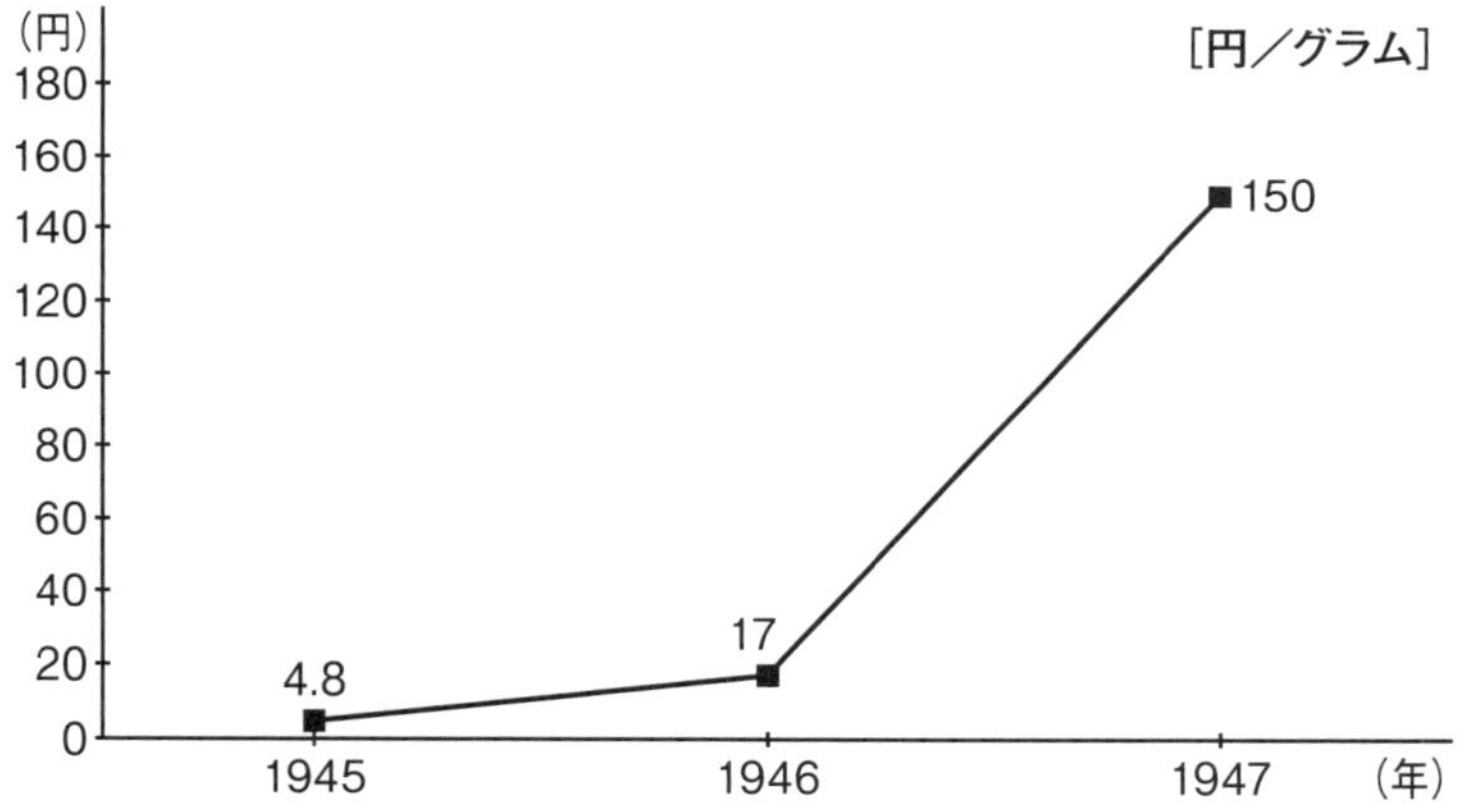

田中貴金属（https://gold.tanaka.co.jp/commodity/souba/y-gold.php）より作成

ると、民主国家である日本やアメリカが中国に勝てるかは正直わからないところです。今後、中国、インド、ロシアなどが力をつけて、世界最大のユーラシア大陸という地の利を生かして、台頭してくるかもしれません。

世界の流れが変わったときに、しっかり状況を見極めてチャンスをつかめるかどうかが、資産家への分かれ道です。第二次世界大戦後の１９４５年から１９４７年にかけて、インフレによりお金の価値が低くなって、日本国内の希望小売価格としてゴールドの値段が大きく変わりました。その間にゴールドの価値に目をつけ、行動に移していた人は、今では「戦後の大富豪」と呼ばれています。

ほんだ先生の補足メモ

中国やインドは成長が著しいですが、投資対象としての魅力には懐疑的な意見を多く耳にします。その理由は、成熟していない国家体制ならではのカントリーリスクにあります。

今後、これらの新興国がどうなるか予測するのは難しいですが、一番大事なことは、私たちは株で大儲《おおもう》けする必要はないということ。一発逆転の大儲けを株で狙う人は、中国やインドなどの市場について深く知る必要があるかもしれませんが、そうでない人は、一般的な株式や債券などによるリターンが得られれば十分です。そう考えると、中国やインドの経済や市場を軽く知っておくことは大事ですが、無理に新興市場や仮想通貨などの不安定な商品に手を出す必要はないでしょう。

それでも新興国の動きが気になる人は、オルカンなどの全世界型投資信託を購入するのがおすすめです。オルカンの中でアメリカの比率が非常に高いのは、現代社会がアメリカ中心の市場になっているからであり、もし中国やインドが伸びてきたら、それらの国々の企業の比率も高くなっていきます。全世界型投資信託を購入しておけば、新興国の成長に対するリスクヘッジも十分にできるわけです。

GACHI MONEY

BRASIL

029

仮想通貨でリスクヘッジ

投資／投資戦略

難易度 ★★☆☆☆

円やドルの価値を支えるものってなんでしょう?

昔は金（ゴールド）との交換保証が通貨の価値を裏付けしていましたが、今はその国の信用そのものが価値となっています。「アメリカの通貨だから安心安全」と誰もが思っているからドルの価値も高いんです。もしアメリカが信用を失えば、ドルの価値もなくなります。そのとき、ドルに代わって仮想通貨が世界中で取引されるようになる可能性もゼロではありません。

僕は今後、**仮想通貨を持たないこと自体が、リスクになるかもしれないと考えています。**

２０１３年３月頃、１ビットコインは日本円にして約４５００円でした。それが２０２４年12月には、約１６００万円まで値上がりしました。この後も値上がりする可能性を否定できません。

ただ、仮想通貨については今のところ、法律が追いついていません。僕自身、27万円投資した仮想通貨が10倍に跳ね上がったこともありましたが、出金する前に仮想通貨を管理していたサイトがまるまる消えて全部パーになりました。でも、法律がしっかり定まっていなかったので、泣き寝入りするしかありませんでした。

ほんだ先生の補足メモ

八木さんがいうように、19世紀前半から金を基準にして通貨の価値を決める「金本位制」が多くの国々で取り入れられていました。しかし、1929年の世界恐慌をきっかけに、世界中で金本位制が廃止されています。

仮想通貨は、現状のところ、投機的（ギャンブルに近いこと）な資産であることは否めません。投機的なリスク資産は、不確実性が増すと売られる傾向があります。

仮想通貨は、特定の期間を切り取ると大きく値上がりしているように見えますが、現金や証券、不動産といった従来からある資産に代替するレベルには至っていません。

また、仮想通貨取引の大半が投機筋の投資家によって行われている現状を考えれば、万が一ドルが破綻したときのリスクヘッジとして仮想通貨を持つ必要は、今のところないといえます。仮想通貨を投資対象と考えるのは、世の中に十分に浸透し、多くの人が利用、購入する資産として扱われるようになってからでも遅くないといえるでしょう。

030

金融資産の1割は貴金属を持とう

投資／金

難易度 ★★☆☆☆

クレジットカードは、ゴールドよりプラチナのほうがランクが上ですよね？　そうなんです。

プラチナは金より希少価値が高いとされています。

これまで世界で採掘された金の量は、競技用プール4つ分ぐらいとされています。それに対して、プラチナはプールの膝下程度の水位分だけ。プール1つ分にすら足りません。プラチナのほうが価値は高いはずなのに、取引価格は金のほうが上と、逆転現象が起きています。価格が比較的安い今がプラチナの買い時なんですよ。

※金価格：1万4502円／1g（インゴット）、プラチナ価格：5194円／1g（インゴット）（2024年11月25日時点、ゴールドプラザHPより）

ただ、プラチナはロシアが主要な採掘国のため、世界情勢が不安定になると値動きも激しくなるという注意点があります。

金の投資先としての特徴は、ドルベースで値段がつけられている点です。金の量が一定なら、ドルの価値が高くなれば金価格も高くなり、ドルが安くなれば金も安くなります。

あと、金やプラチナは利回りや配当がないため、値上がり以外で資産は増えていきません。**だから、金融資産の5~10%くらいにとどめておくのがちょうどいいと思います**。理想はプラチナ4：金4：パラジウム2の比率。パラジウムはレアメタルの一種で、プラチナに似ていると覚えておけばOKです。

ここでみなさんに、金の売買の必勝法を教えましょう。消費税が増税される前に大量に金を購入し、増税されたあとに売ると消費税分が利益になります。金の値段を一定とすると、消費税が10%の時に100万円で買うと支払いは110万円になります。今後、もしも消費税が15

％になることがあれば、売値は１１５万円になるので、５万円分の利益を得られるわけです。

ただね、金自体の値段が暴落して税金の利ざやがパーになるかもしれない点には注意が必要です。また、貴金属は５年未満で売却すると、短期譲渡所得になるので利益に39％の税金が課税されます。所有期間が５年を超えて長期譲渡所得になったら、税率が20％になるので、５年保有してから売るのが勝ちパターンです。

ほんだ先生の補足メモ

貴金属に投資するメリットは「さまざまな商品に分散投資している」という安心感にあります。

ぶっちゃけ、一般的な日本人の金融資産の額では、数％だけを貴金属に投資したところで、あまり結果は変わりません。しかし、現物で持つことによって、「本物の金が我が家にはある」という実感につながり、資産運用への意識向上に有効かもしれません。興味があるのであれば、まずは金ＥＴＦなどの金融商品や、小さいグラムの金に投資してみてもいいと思います。

最後に、八木さんの必勝法について金の売り買いの価格にはスプレッド（売買手数料みたいなもの）があるため、消費税の増税程度のパーセンテージでは、スプレッドを超えることは難しいケースもあります。消費税増税のタイミングで儲けるには、我々一般人では不可能なレベルでの投資額が必要な点にはご注意を。

GACHI MONEY

031

ダイヤは「小粒をたくさん買う」が一番コスパ良し

投資／ダイヤ

難易度 ★★★☆☆

金は量に対する価値が一定なんですけど、ダイヤモンドは少々性質が異なります。

例えば、**ダイヤは0・5カラットと1カラットでは価値が2倍になるわけではなく、何倍にもなるんですよ**。ダイヤにはCarat（カラット）、Cut（カット）、Color（カラー）、Clarity（クラリティ）、そしてConfidence（コンフィデンス・信頼）の5つの評価基準があって、1つも欠点のないダイヤは百貨店などで高値で取引されます。逆に、どれか1つでもダメな評価を受けたものは問屋さんなんかで低価格で売られています。不動産で例えると、築浅で駅近の内装がキレイな物件は高いですが、似たような条件でも郊外になると安くなるようなもんです。

嫁さんに贈る結婚指輪はダイヤの量を重視して選びました。**値段が同額であれば、1カラット分の1つのダイヤを買うよりも、粒ダイヤを買うほうが費用対効果が高いんです。**とにかく量で攻めました。

でも後になって、その判断が予想外の不幸を招くことになりました。新婚の頃夫婦喧嘩《げんか》をしたとき、怒った嫁さんが僕にパンチを繰り出した拍子に、粒ダイヤがどこかへ飛んでいってしまいました。

ほんだ先生の補足メモ

買い物の際には、資産性と、欲しい気持ちは完全に分けるべきでしょう。

私が買い物の際の基準にしているのは、買いたいときに簡単に買えるものであるか、です。例えばものすごく大きなダイヤモンドは大富豪にしか買えません。大富豪クラスじゃないと買えない希少性があるため、将来値上がりする可能性があります。しかし、庶民が買える値段の結婚指輪などのダイヤは、資産としての価値がほぼゼロです。なぜなら、誰でも買おうとすれば買える、ありふれた物だからです。

買ってはいけないわけではなく、その人の考え方次第で買い物はプライスレスになるという話です。だからこそ買うときに言い訳として「資産にもなるから」という考えはやめたほうが良いでしょう。資産と意識した時点で、その買い物は失敗です。無限の価値があるものを自分で有限に落としてしまっているといえます。

GACHI MONEY
032

投資やギャンブルで勝ったら、あえて一度負けにいく

投資／投資戦略

難易度
★☆☆☆☆

僕は勝てるパチンコしかしません。多くの人は、大当たりしたあとに勝ち目が薄くても連チャンを狙うと思いますが、僕は「もう勝てへんな」と思ったらその時点で席を立ちます。

負けないために大切なのは、勝っているときに冷静さを保つこと。例えば、1000円の軍資金で4万円勝ったら、普通は勝ちを増やそうと打ち続けて、せっかく勝った分を2万円くら

いまで減らすパターンが多いです。僕は4万円勝った時点で打つのをやめて、ゲームセンターでパチンコを打ちます。そこであえて負けにいくのがキモ。

ゲームセンターのパチンコはレートが低いです。換金もできません。でも、やっていることは同じパチンコです。自分を騙しているわけです。ゲームセンターのパチンコなら負けても2000円程度。でも、パチンコ屋で4万円買っているので、実際には3万8000円のプラスです。僕はパチンコでけっこう勝ってきましたが、**勝ったら低レートであえて負けて熱を冷ます**。これこそが、勝利の秘訣《ひけつ》だと思ってます。

勝ったお金は無視しましょう。そんなお金は「なかったもの」として忘れるんです。僕は投資で100万円儲けても、自分の財布には6000円だけ入れて、あとは口座に入れておきます。「自分にはこの6000円しかない」と思い込んで、そのお金で生活するようにしています。予定外の収入は、日々使えるお金と完全に分離させることが大事です。

ほんだ先生の補足メモ

資産運用に関する面白いお話に「資産運用のパフォーマンスが良かった人は、口座を開いたことすら忘れていた人だ」というものがあります。

私の経験則でも、資産運用を始めたばかりの頃は日々の値動きに一喜一憂するものです。しかし、将来のために資産運用を始めたのに、毎日値上がり値下がりで精神をすり減らし、ストレスで寿命を短くしてしまっては意味がないでしょう。

大事なことは2つ。1つめは、資産運用の目的を最初に定め、確認することです。「1年で2倍にするために資産運用しているのではなく、10年後、20年後の将来の資金のために運用している」など確固たる目的を定めておけば、1日、1週間の値上がり値下がりなんて誤差であるとわかります。これを意識できない人は、動揺してすぐ売ってしまったりする傾向にあります。

そして2つめが、長期で運用する目的を確認したら、口座の画面を見ないことです。もちろん定期的に自分の資産がどうなっているか確認し、必要に応じてリバランス

（自分の資産のバランスを整えること）する必要はありますが、頻度は1年、あるいは半年に1回でもいいと考えています。資産運用で成功した人はみなさん「なんか気づいたら増えていた」と語ります。毎日口座の画面を見ている人で、ちゃんと保有し続けて資産を増やせている人をほとんど見たことがありません。

033

実は日銀の株主です？

投資／日銀

難易度 ★★★★★

日銀の株（？）を持っています。日銀の株（？）は超特殊。まず、配当が500円（100口分）しかありません。不思議ですね。

正確にいうと、日本銀行は株式会社ではありません。株式は発行しておらず、出資の持ち分として出資証券を発行しています。僕が持っているのも出資証券というわけです。株式ではありませんが、証券会社で取引できます。なお、発行証券のうちの半分以上は日本政府が保有しています。

日本銀行の株価推移（2014年12月～2024年12月）

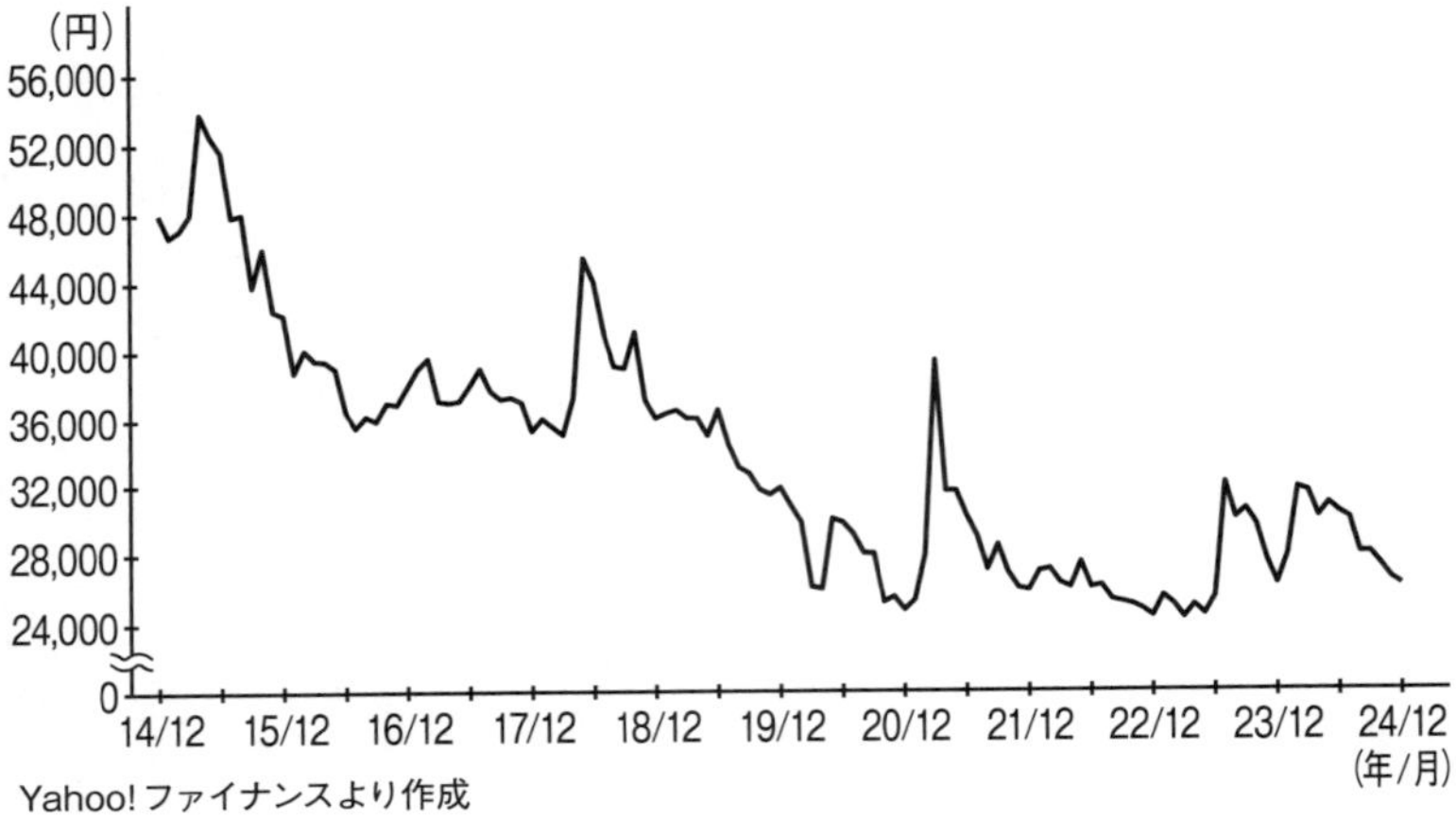

Yahoo!ファイナンスより作成

株式会社と違い、営利を追求する法人ではないですから、基本的には成長が見込めるものではなく、株主総会に該当するような出資者総会もありません。また、出資者に議決権の行使は認められていません。

それと、取引が非常に少ないです。動くときはすごく動きますが、基本的には静かです。元値が7000万円で、現在は260万円（2025年1月7日時点）前後が取引価格の目安となっています。

そのうち1億円にならないかな、と特大チャンスを期待して保有し続けています。**こういう銘柄を見つけるのも、株式投資の面白さです**。

ほんだ先生の補足メモ

なにかの記念や、企業の応援の意味で購入する場合は別として、資産を増やすために投資するのであれば、将来に向かってきちんと営利を追求し、株主に利益をもたらしてくれる企業の株を買うのがおすすめです。

ちなみに日銀の出資証券は、２０２４年時点で日本で唯一ペーパーレス化されておらず、現在でも券面取引が行われています。八木さんが紙の状態の日銀株を持っていることが驚きです。

GACHI MONEY

034

外国株取引は二重課税に注意

投資／税金

難易度 ★★★☆☆

海外の株を持っていると、**配当金の利益はその国で一度課税され、さらに日本でも課税されます**。二重課税になっているんです。重複分を取り戻すためには、確定申告で外国株の外国税額控除をするしかありません。なお、ＮＩＳＡで投資しても外国の税金だけは引かれてしまいます。これを取り戻す方法はありません。

米国株は配当益に対して10%が、米国内で課税されます。米国株は高配当で人気ですが、もし二重課税について知らないままだと、利益から10%取られ続けます。これ、エグい損です。外国株をメインで運用している人は要注意です。

ほんだ先生の補足メモ

八木さんがお話ししている個別株と違って、投資対象が外国株式となっている投資信託（オルカンやＳ＆Ｐ５００など）は、この二重課税を気にする必要はありません。２０２０年以降は、投資信託等に係る二重課税調整が行われるようになり、自動的に源泉徴収の対象となる所得税が調整されるためです。どうしても個別株を選びたい理由がなければ、税金上の処理が自動で行われ、分散投資のメリットもある外国株式を投資対象とした投資信託がおすすめです。

035

低PBRは東京の一等地で売れない甘味屋を経営しているようなもの

投資／指標

難易度 ★★☆☆☆

PBRは投資判断に使うデータです。**あくまでもイメージの話なんですけど、東京の浜離宮恩賜庭園のような広大な敷地でぜんざい屋さんを経営しているのがPBR＝0・5の状態。「そんなに敷地が広いならもっと稼げるやろ」という企業**ですね。

逆にPBRが高いのは、新橋のちっちゃいちっちゃい店舗で流行りのタピオカを売っていた企業です。「そんだけ狭い土地でどんだけ売上出そうとしてんねん」という話。これをどうとるかが重要になってくるんですね。

1株あたりの純資産が1000円の会社があったとします。株価が1000円だと、PBRの値は1倍です。もし会社が解散したとき、制度上は純資産分のお金がもらえます。この場合は1000円。会社が解散したときに株価相当額をもらえるのがPBR＝1倍です。1株あたりの純資産が1000円の会社の株価が500円、つまりPBRが0・5倍なら、解散したときにもらえるお金は株価の2倍になります。昨今、金融庁がPBR1倍を目指すように企業を促しているのは、「そんなに金融資産を持っているのにそんだけしか稼げてないのか？」というわけです。

ＰＥＲというものもあります。株価が純利益の何倍の価値をつけているかの数値です。ＰＥＲが高いほど、可能性を秘めた会社と判断できます。しかし、どれも単に「高い」「低い」で見るものではなく、あくまで判断材料の１つと捉えるのが大切です。**ＰＥＲが高い企業も、割高と感じるか、大きな可能性を秘めていると見るかは個人の判断によります。**

あえていうなら、ＰＢＲが１倍未満であれば、基本的に株価よりも資産を多く持っていることになるので安心です。

ほんだ先生の補足メモ

ＰＢＲは「株価÷1株当たり純資産」で計算でき、仮に現時点で会社が清算となった場合に株主がいくらもらえるかを表します。一方、ＰＥＲは「株価÷1株当たり純利益」で求められ、時価総額が直近の利益に対して何倍あるかを示し、将来の利益成長に対する資本市場の期待の大きさを表しています。

もちろん、これらの数値だけで投資判断を下すべきではありません。株価には企業の状況や投資家の将来の予測など、さまざまな要因が組み合わさっています。1つの指標だけで株価が割高か割安かを判定するのは専門家でもないと難しいでしょう。だからこそ、値上がりを狙うのではなく、配当や株主優待など、毎年入ってくるインカムゲインに期待して投資するほうが安心といえます。

036

株は握力が大事

投資

難易度 ★★☆☆☆

株で勝てない人は勝っているときに売らず、負けたときに損切りしていることが多いです。

なぜなら、人はどうしても勝ったときよりも負けたときのほうが感情の起伏が激しいからです。とくに短期の売買では、多くの人は負けているときのストレスに耐えられなくなって、すぐに手放して損してしまいます。

勝つためには、下がっているときをいかに耐えるか、握力を保つかが重要です。

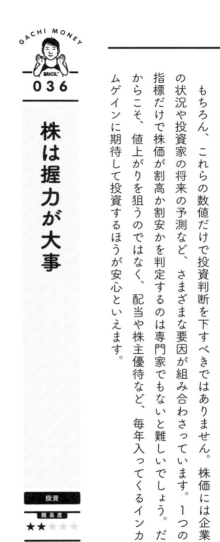

いっそのこと、買ったあとは気絶してしまうというパターンも強いです。興味があるときに集中的に仕込んだら、5年くらいしたら上がっていると信じて祈って放っておきます。僕のネタに「グーグー、熟睡してたら出世した！」ていうのがあるんですけど、投資の真髄だと思います。チャートをチラチラ見ていると、下がっているときに怖くて手放してしまうという負けシナリオに入ってしまう。いっそきっぱり忘れましょう。

有名なトレーダーの人たちのすべてが、四六時中株価を見ているわけじゃありません。なんなら、ずっとゲームと麻雀《マージャン》をしてる人もいます。下がっているときだけ大口で仕込んで、あとは気絶しているんだと思います。あれが本当に強い人のパターンなんでしょうね。ブラックマンデーで株を買った人もいました。その人も、そのタイミングでしか仕込んでいないはずです。

GACHI MONEY

037

NISAの上手な使い方

投資／NISA

難易度 ★☆☆☆☆

相方のYouTubeでも喋《しゃべ》ったことがあるんですけど、「新NISAがはじまったから」

という理由だけで、まったくの初心者が投資に参戦するのは危険です。

もちろん、NISA口座を作るのは大賛成。**大事なのはNISAも投資制度の1つということをしっかり理解することなんですよ。**

NISAは合計1800万円分、非課税で投資できるのでとてもおトクな制度です。だけど、利益が出たときの税金がなくなるだけで、負けたら意味がありません。また、勝った分と負けた分を相殺して税金を安くできる「損益通算」も使えません。

投資信託や株の価格は毎日動いています。今の相場は上昇基調ですが、いつ下がるかは誰にもわかりません。買った資産が大きく下がることも想定しておくべきです。もし、株価が5000円の株を500万円分買ったとして、その後に株価が3600円に下がると、一瞬で140万円の損になる可能性があります。1杯500円の牛丼にすると2800杯分、毎日食べるなら約7年分です。それくらいの損をしても自分は耐えられるか、覚悟を決めたほうがいい。

NISAは1年で最大360万円分投資できます。毎年最大まで投資すると、5年で全ての投資枠を使い切れる計算です。なるべく早く投資枠を使い切ったほうがいいという考えもありますが、僕個人でいうと、**資産に余裕のない人が毎年３６０万円投資するのはやめたほうがいいと思います**。１８００万円持っているなら、１８０万円を10年に分けて投資したほうが安定する可能性は高いと自分は考えます。

３６０万円というのは、あくまで制度が作った数字。制度が作った数字に惑わされないで、コツコツ将来のために資産形成をしたいという思いで始めた方がいいでしょう。

ほんだ先生の補足メモ

ＮＩＳＡとは投資で得た利益が非課税になる制度です。通常、値上がり益や配当金には20・315%の税金がかかりますが、ＮＩＳＡで投資した場合はこれがゼロになります。

ＮＩＳＡは２０２４年から投資上限額がアップし、非課税期間が無期限になりました。我々投資家にとって非常にお得な制度になったといえるでしょう。しかし、投資に慣れていない人が急いで始めることは危険ともいえます。

実際、2024年8月に日経平均が歴史的な下げ幅をみせると、多くの投資初心者がNISAで投資中の資産を売りに出したそうです。NISAで推奨されている積立投資は長期での資産形成を目的としていて、一時的な価格の下落で売るのは目的と正反対の行動です。おそらく明確な計画もないまま「NISAだから始める」という状態であったため、八木さんのいうようにただ損をしただけとなってしまったのかと思います。

GACHI MONEY

038

NISAを始めるなら店舗型証券で

投資／NISA

難易度 ★★☆☆☆

NISAってね、どこでもできるんです。証券会社でも、銀行でも、近所の郵便局でも始められます。でもおすすめは証券会社。とくに店舗型です。

銀行や郵便局は、投資先の種類が少ないというデメリットがあります。NISA口座は1人1つしか作れないので、NISA口座を作った金融機関とは長い付き合いになります。金融機関を変えることもできますが、投資状況によって年内に変更できなかったり、手続きも複雑だったりします。正直いってかなり面倒なんで、最初から、多くの種類を扱っている証券会社で開設したほうがいいと思います。

今はネット証券が人気ですけど、**パソコンやスマホの操作に慣れていない人は、手数料が高くても電話注文できる金融機関がおすすめです**。ネット証券は、注文や売却などほとんどの手続きをネット上で自分で行います。操作に不慣れだと、金額や数量を間違えるということも考えられるでしょう。でも、注文ミスは自己責任。ミスしても自分が損して終わりです。ネット慣れしていない年配の方で、退職金などで投資を検討するなら、手数料がかかっても店舗型の証券会社を選びましょう。

ほんだ先生の補足メモ

今の時代は金融自由化で、銀行でも有価証券や保険を買えるようになりましたが、「餅は餅屋」というように、NISA口座を開設するなら証券会社一択です。

八木さんのおすすめする店舗型証券ですが、店舗型の安心感を得るための手数料は、商品に大きく乗っていると考えたほうがいいでしょう。もしも、「商品選びとか面倒そうだし、考えることをやめて全部任せたい」という考えで店舗型を選ぼうとしているのであれば、そもそも投資をしないほうがよいといえます。証券会社の営業マンに言われるがままに変な商品を買ってしまったり、手数料や税金で資産を減らしたりする可能性があるため、退職金は現金で持っているほうが安心です。

GACHI MONEY 039

信用取引の売りはしないこと

投資／信用取引

難易度 ★★★★☆

信用取引は、現金や株などを担保（保証金）に、証券会社からお金や株式を借りて取引するしくみです。

信用取引にも買いと売りの両方がありますが、売りだけはダメです。これ、やめたほうがいいです。**なぜなら、買いの損失と違って、売りは損失に天井がないんです。**

信用取引の買いは、買付代金を借りて株を購入し、返済を株の売却代金か現金でやります。

信用取引では保証金の約3・3倍まで買付代金を借りられるので、自己資金だけで投資するよりも大きな金額を運用できます。その分、値上がり時の利益は大きくなりますが、一方で損失額も大きくなりやすいです。もし50万円を担保に150万円を借りて、その後株価が0円になってしまったら、極端に言えば、保証金の分を差し引いて100万円の借金だけが残ります。

信用取引の売りはもっと危険です。信用取引の売りは、まず株を借りて売ります。その後に株を買って返すので、株価が下がっていればその差額が利益です。反対に、株価が上がっているると損になります。株価は下がっても0円までですが、株価がどこまで上がるかについて基本的に制限がありません。**つまり損失が際限なく大きくなってしまう可能性があるんです**。リスクが無限というのは非常に怖いですよ。

「買いは家まで、売りは命まで」という格言があるほどです。買いで失敗すると家を売るくらいの損をする。売りで失敗すると家どころか命までなくしてしまうほど損する可能性がある、という意味です。

また、追証の危険もあります。追証とは、預けている保証金に対して一定割合以上の含み損が発生すると、追加で保証金を入れなくてはならなくなるしくみです。追証が支払えないと、強制決済されて想定外の損失が発生する恐れもあります。

そもそも、売りの信用取引は上級者のリスクヘッジが本来の用途だと思います。1億円分の株を持っている人が5000万円分を売りに入れておけば、株価が下がったときの備えになります。持っている株が下がるリスクヘッジに使うのはいいのですが、普通の人が「下がりそうだから」という理由で売りの信用取引をやるのはおすすめしません。

信用取引のほかに、オプション取引で「売りの権利（プットオプション）」を売買するのもやめたほうがいいです。これも損失が無限に大きくなる可能性があるので、大口がやる勝負。個人がやるなら損失はプレミアムまで、勝ちは無限という「買い」の方向の取引方法にしておく方がまだ安心です。

ほんだ先生の補足メモ

リーマンショック時に大暴落することに賭けて、多額の金融商品の売りにかけた投資家たちが登場する「マネー・ショート　華麗なる大逆転」（2015）という映画があります。作中では、不動産バブルの崩壊に賭けながら、相場が下がらないことに苛立ちを感じている登場人物たちの心情が描かれています。普段から多額の資金を運用しているファンドマネージャーでも精神的に厳しい場面があるのですから、私たちのような個人が運用する場合は、一転逆張りみたいな運用方針は取らないほうが良いと思わされる作品です。

株式や投資信託などの金融商品は、短期的には値下がりするケースもありますが、基本的に社会の成長と共に価値が上がっていきます。長い時間をかけて資産形成をするなら、上がる方向にのみ運用を行うべきでしょう。

040

FXは「余剰資金で」「長期的に」「金利差を狙う」が正攻法

投資／FX

難易度 ★★★★☆

僕がＦＸと初めて出会ったのは今から20年前のこと。構成作家さんと話しているとき、「親の遺産が２０００万円ある。これ、安全に増やせるねん」といわれて。正直「そんなことあります？」って思いましたよ。だって投資のリスク・リターンは表裏一体と知っていましたから、絶対この方騙されているなと思ったんですよ。

そもそもFXは、円やドルみたいに2種類の通貨を選んで、一方を買ってもう一方を売る取引です。 1ドル150円のときにドルを買い、1ドル160円になってから売れば、10円の利益になります。

2つの通貨の金利差で儲けることもできます。どういうことかというと、金利の低い通貨を売り、金利の高い通貨を買うと、その差額を受け取れるんです。これを「スワップポイント」と呼んで、実はこっちがFXの正攻法といえます。余剰資金で投資し、なるべく期間を長くとって、スワップポイントを狙う。これがポイントです。

「レバレッジ」をかけることで大きな利益も狙えます。レバレッジは、一定額のお金を証拠金として預けると、その数倍のお金を借り入れて取引に使えるしくみのこと。少ないお金で大きなお金を動かせます。最大で25倍までかけられますが、安全をとるなら2倍くらいにしておいたほうが無難です。

FXの怖いところは「ロスカット」が完璧ではないことです。たぶん、みなさんも聞いたことがあるんじゃないでしょうか。ロスカットは含み損が証拠金の一定割合を超えると、それ以上損失が膨らまないよう強制的に決済して取引終了するしくみです。ロスカットが正常に働けばある程度の損失で済みますが、過去にはロスカットが働かなかったケースもあるんです。**例えば、証拠金30％を割ったらロスカットされる設定で、一気に10％まで割ると、ロスカットが間に合わずに損失も大きくなる。**そういう怖さがあるんです。

２０１５年にはスイスフランが大暴落したことにより、多くのＦＸトレーダーが損失を被った「スイスフランショック」も起きています。あまりに短期間での急落だったために、ロスカットが間に合わなかったのです。

金利差がある状況では、ＦＸをやったときに日本人が勝ちやすいというメリットがあります。円とドルなら、今だと４％の金利差を受け取れるのでおトクです。ほかの投資方法と比べたときに、ＦＸを特別おすすめはしないけれど、レバレッジ低めで金利差狙いなら投資の候補に入れてもいいと思います。

ほんだ先生の補足メモ

銀行の外貨預金における非常に高い為替手数料と比べると、ＦＸのほうがおトクに見えるかもしれませんが、ＦＸのレバレッジは普通の人の投資方法として適切ではないでしょう。そもそも通貨の金利差を意識するのであれば、外国債券を証券会社で買う方法があります。レバレッジをかけない運用だとしても、ＦＸはしくみをよく理解していないと怖い運用方法です。

041

相場が大きく動くほど儲かる「ストラドル」

投資／投資商品

難易度 ★★★★☆

このネタはオプション取引を理解している人に向けて説明します。オプション取引を知らない人は飛ばしていただいて結構です。僕はやっていないのですが、証券外務員の勉強で出会った金融商品に「ストラドル」というものがあります。

ストラドルはオプション取引の一種で、同量の「売り」と「買い」を同時に行います。ストラドル自体にも2つの取引方法があり、その一つである**ロングストラドルは相場が大きく変動するほど利益も大きくなるため、上がるか下がるかの予想は必要なく、変動相場で効果を発揮します。**

ただ、相場の動きが小さかったり、そのまま動かなかったりすると損失が出るので注意です。

GACHI MONEY
042

ダブルインバースはやめておこう

投資／投資商品

難易度 ★★★★☆

僕の投資人生で過去イチ負けた金融商品が「ダブルインバース」です。それはもう、苦い思い出です。

ダブルインバースは上場投資信託（ＥＴＦ）の一種で、株価が下落したときに利益が出るしくみなんですね。ただ、一定の値幅を行ったり来たりするボックス相場だと、手数料分どんどん負けていきます。

僕は株価が下がったときの備えとして、ダブルインバースを持っていました。あるとき、有名トレーダーに自分のポートフォリオを見てもらったのですが「なんでダブルインバースを持っているんですか？」といわれたんです。その人からするとダブルインバースは「基本的に損するしくみ」だそう。**株価の下落に賭けること自体はいいものの、それならば中途半端な商品**

ではなく、ほかの方法で投資するべきだと教わりました。

リスクヘッジとして1年間保有していたわけですが、結果として300万円くらいの負けを出しました。もし、どうしてもダブルインバースに投資するなら、短期決戦で勝負しなければいけません。

ほんだ先生の補足メモ

インバース型の上場投資信託は、市場と逆の動きをする投資信託です。例えば日経平均が10%上昇した場合、日経平均のインバース投信は10%下落するように設計されています。

八木さんが買われていた「ダブルインバース」は、その値動きが2倍になるように設計されているもので、かなりギャンブル性が高い商品です。レバレッジをかけて行う信用取引同様、基本的には一般的な個人投資家は触れない方がいいでしょう。

また、インバース型のETFは、長期保有に適していません。長期で値上がりする資産を長期で持つことが投資の基本であり、逆張りで下がることを予測して儲けようとするべきではないのです。

インバース型の投資信託は、日経平均などの参考にする価格が一方的に下がり続けている状況では大きな利益が出ます。しかし、対象となる指数がなかなか下がらず行ったり来たりしている状況では、インバース型の投資信託はじわじわと価格が下がっていきます。

第3章

賢く受け取る

043

初めて手にした1000万円はなくなる

投資

難易度 ★☆☆☆☆

お金って、あっという間になくなるんですよ。**1000万円って聞くと大金に感じるかもしれませんが、実際に貯まったら、意外となくなってしまうと聞いたことがあります。**

麒麟《きりん》の田村くんはとくに面倒見がよく、一時は2億円持っていましたが、飲み会に芸人仲間を大勢呼んで、豪快に100万円をスパーンって支払ったエピソードを持っています。ほかにも、メイクさんやスタイリストさんにマメにお土産を買ってあげたり、後輩にいいお肉をおごってあげたりしていたら、2億円はなくなったらしいです。唯一、お父さんに家を購入していたらしく、それが資産として残っているのは救いだといっていました。後輩思いで、僕にはマネできません。『ホームレス中学生』は225万部の大ヒットで、さらに最近では『ホームレスパパ、格差を乗り越える　何も変わらなかったから考え方を変えた』を出版し、僕も読みましたが素晴らしい内容です。

お金は使って初めて、価値や大切さを実感できるのかもしれません。

ちなみにM-1グランプリで優勝すれば1000万円もらえますが、源泉徴収されるので実際の手取りは800万円くらいらしいです。コンビの場合だと1人約400万円。しかも、振り込まれるのは2カ月くらい先なのに急に仕事が増えるから、タクシー代の立て替えなんかでむしろ貧乏になるそうです。

GACHI MONEY

044

所得金額調整控除を意識しよう

年金／老後

難易度 ★★☆☆☆

年齢を重ねている人でも、元気に働いている人ってたくさんいると思います。知らない人もいるかもしれませんが、**年金をもらいながら働いている人には、「所得金額調整控除」が適用され、所得金額から10万円が控除されます。**

具体的には、給与所得控除後の給与などの金額（最大10万円）＋公的年金などにかかる雑所得の金額（最大10万円）－10万円が控除されます。

ちなみに、これは現役世代の人も使えるので覚えておいてください。具体的には給与などの収入金額が８５０万円を超える人で、

・年齢23歳未満の扶養親族を有する者
・本人が特別障害者に該当する者
・特別障害者である同一生計配偶者または扶養親族を有する者

のいずれかに当てはまる人が対象となります。控除額の計算式は年金受給者とは異なり、｛給与などの収入金額（最大１０００万円）－８５０万円｝×10%が控除されます。いずれのパターンでも年末調整で申告すればいいので、記載さえすればＯＫです（年金所得と給与所得の両方がある人を除く）。

GACHI MONEY 045

健康が一番の投資

年金／老後

難易度 ★★★☆☆

いわゆる公的年金には、日本に住んでいる20歳以上60歳未満の人全員が加入する「国民年

金」と、会社員や公務員が加入する「厚生年金」の2種類がありますよね。基本的にどちらの年金も65歳から受給開始ですけど、60歳スタートに繰上げたり、反対に75歳まで繰下げたりできます。

厚生年金を繰下げると、配偶者や子を扶養しているときに厚生年金に上乗せされる「加給年金」がもらえないんです。そこは注意が必要ですね。

メリットとデメリットを踏まえると、個人的には繰上げも繰下げもしないほうが無難じゃないでしょうか。すぐに年金が必要ないなら、受け取った年金を「繰下げたつもり」で自分で運用するといいと思います。僕なら目標の利回りを4%くらいに設定して、75歳まで運用するつもりです。

ところで、年金の受給前に死んでしまうとどうなるか、知ってますか？　年金は2カ月に1回、偶数月の15日にその前月までの2カ月分の年金が支払われます。例えば6月1日に亡くなってしまったら、本来はもらえたはずの4〜5月の分が支払われていない状態になってしまいます。この分は「未支給年金」として請求することで遺族が受け取ることができます。もし繰下げ期間中に亡くなってしまった場合は、5年分まで遡って未支給年金を受け取れます。

また、配偶者や子など家族の生計を維持していたら、遺族が「遺族年金」を受給できます。しかし、誰も養っていないと、生計を同じくしていた遺族に12万円から32万円の一時金が支払われて終わりです。

会社員の場合、社会保険料は勝手に引かれていくので、年金は老後の自分のために投資しているようなものです。55歳の人が年金をもらう前に亡くなったら、いくら損するかを考えてみましょうか。国民年金の保険料を1万6000円とすると、35年で支払った額は670万円。死亡一時金は32万円なので、630万円以上の大損をしていることになります。

以上のことを踏まえると、年金は長生きするほどおトクといえます。**健康の秘訣は「ストレスを溜めない」「ご飯をしっかり食べる」「しっかり寝る」の3つ。結局これを守って健康を維持するのが、最も費用対効果の高い投資です。**

そういうこともあって、僕はストレスを溜めないために自分に期待しすぎないようにしています。スベってもとりあえず美味しいご飯を食べて寝て忘れるようにしています。**スベったことを反省していたら、年間の3分の2は反省する必要があるので。**終わったことは忘れるに限ります。

ほんだ先生の補足メモ

年金は原則65歳からの受給になりますが、最短で60歳から繰上げ受給ができます。反対に、最長で75歳まで受給開始時期を繰下げることもできます。繰上げた場合、長くもらえるというメリットがありますが、年金額は一生減額された状態で、なおかつ国民・厚生年金の両方を同時に受給開始しなければなりません。一方、繰下げをすると、もらい始めるまでは年金以外の資産で生活しなければなりませんが、繰下げた分だけ年金額が増えるという点が魅力です。

繰上げ受給で年金の受給を開始すると、減額率は1カ月あたり0・4%ずつとなり、最短の60歳から受け取ると、24%ダウンとなります。一方、繰下げ受給では、1カ月あたり0・7%、年間で8・4%。75歳になるまで受給を後ろ倒しにすれば、84%と大幅アップも狙えます。繰下げ受給の場合は国民年金と厚生年金をバラバラに受給開始しても大丈夫なので、「国民年金は65歳から受け取って厚生年金は68歳まで繰下げる」といった組み合わせも可能です。

65歳以降も我々は働かされるのか、とネガティブに受け取る人もいるかもしれません。しかし、近年の調査では、働くことは自分の健康にもつながっていることがわかっています。長く働き続けることは年金以外の収入をもたらすだけでなく、長く健康でいられることにつながり、結果的にお金の面でもメリットを生んでいると考えられます。

GACHI MONEY 046

60歳以降も年金保険料の未納分は穴埋めできる

年金／老後

難易度 ★★★★☆

国民年金は40年間納めていると満額支給されます。納めていない期間があると、受け取れる年金が減らされてしまうんですよ。

国民年金保険料には免除・納付猶予や学生納付特例があり、事前に手続きしておくと「加入期間」には含まれます。ただ、納めたことにはならないので年金額は満額になりません。一応、手続きをしている分の年金は10年以内、手続きしないで未納になっている分の年金は2年以内であればあとから納められます。

追納期限が過ぎてしまった人も、諦めないでください！　年金額を増やす方法があります。国民年金は未納があっても、60歳以降に、65歳まで加入期間を延長して、未納期間を穴埋めできる任意加入制度があります。また、厚生年金でも、60歳以降も会社員として働いている人や18歳から働いている人は「経過的加算」という制度で加入月数をかさ増しできます。

僕はというと、お金がなくて親に年金保険料を納めてもらっていた時期がありました。だから親が定年退職したときに、今までの感謝で両親にハワイ旅行をプレゼントしました。めっちゃ楽しんでもらえたと思ったのに、両親が帰ってきたあと「どうだった？」と聞いたら**第一声が「ハワイ、寒いわ～」でした。**

ほんだ先生の補足メモ

老齢基礎年金を満額で受け取るためには、サラリーマンの期間と自営業や学生の期間を併せて、480月分納めていなければなりません。足りない場合は、八木さんのいうように60歳以降に任意加入をして保険料を納めたほうがよいですね。

自分の年金記録は、従来から1年に1回届いているねんきん定期便か、日本年金機構のねんきんネットで確認できます。現在であればマイナポータルと連携して、簡単にログインできるようになっているので、一度自分の年金記録を確認してみましょう。

GACHI MONEY 047

シングルマザーや失業者も！実はお金がもらえる支援制度

助成金／失業

難易度 ★★☆☆☆

日本の公的支援制度はとても手厚いんですが、なかでも「これだけは忘るべからず！」な制度を紹介します。

まずは失業手当。文字通り失業したときに受給できる手当です。**給付期間は雇用保険の被保険者期間や退職理由に応じて変わります。また、給付金額は年齢によって上限額が異なり、30歳で離職した人の上限額は7715円、50歳なら8490円です。**

失業手当の受給中に就職できると「再就職手当」を受け取れます。失業手当を受け取っている日数に応じて減っていくので、早く就職できるほど多くの金額を受け取れます。

ひとり親向けの支援制度も覚えておいたほうがいいですよ。18歳未満の子がいて年収が385万円以下の人は、「児童扶養手当」の対象に。支給額は所得や子どもの数によって異なりますが、年収190万円で子どもが1人だと、月額4万5500円支給されます。

あと、該当する人は、「ひとり親控除」や「寡婦（夫）控除」も忘れずに活用を。控除額は「ひとり親控除」が35万円、「寡婦（夫）控除」が27万円です。年末調整や所得税の確定申告で申告すれば、税金を安くできますよ。

亡くなった人が国民年金に加入しており、配偶者や子の生計を維持していた場合、子のある配偶者か18歳までの子どもには「遺族基礎年金」が支給されます。亡くなった人が会社員だったら、遺族厚生年金も上乗せされます。なお、遺族厚生年金は配偶者に子がいない人も受け取れます。ただ、配偶者の性別や年齢によって受給時期や金額は異なるので、受け取れるのかは確認が必要です。

ほんだ先生の補足メモ

誰にでも起こりうることとして、一番備えておきたいのがケガや病気による休職や離職のリスクです。会社員が傷病で休んだ場合、健康保険の傷病手当金が受け取れます。会社の規定にもよりますが、期間は最長で1年6カ月までです。

離職した場合は、雇用保険の基本手当（失業給付）が受け取れます。自己都合で退職した場合は離職前日までの2年間に被保険者期間が12カ月ないと受け取れないのですが、家族の介護や勤め先の人員整理などが理由の場合は6カ月加入していれば受け取れます。失業手当を受け取るには、ハローワークで手続きが必要です。

現代では、働きすぎやストレスによる精神的な発症も多いですが、それにもきちんと対策があります。実は、雇用保険の基本手当には、会社都合にも自己都合にも当たらない、「就職困難者」という概念が存在します。身体障害者や知的障害者、精神障害者など就職することが難しい人が該当するのですが、このなかの精神障害者には、統合失調症や双極性障害などの症状が安定している人も該当するとされているのです。就職困難者に該当する場合、求職活動としてハローワークに行く回数が少なくてよかったり、通常3～5カ月しかもらえない基本手当を10カ月分もらえたりと、制度的に優遇されている面があります。

適用されるには少しハードルが高い制度ですが、万が一のセーフティネットがあることは、知っておいたほうがいいでしょう。

048

退職日が1日違うだけで50万円の差

退職金

難易度 ★★☆☆☆

60歳以降も働いているときに覚えておきたいのが、**「65歳の誕生日の前々日までに退職して65歳になった後で求職の申し込みをしたほうが良い」ということです。**そうすると、「64歳で退職」し「65歳以降に失業保険を受給」することになり、失業保険と老齢厚生年金の両方が受け取れます。

多くのサラリーマンの方は、60歳で一旦退職して関連会社に勤めるというパターンが結構あるので、この方法が有効です。

例えば、勤続20年以上で離職時の年齢が60歳、賃金日額が1万3000円の人が自己都合退職した場合、失業手当の基本手当日額は1万3000円×45％（60～64歳の基本手当の給付率）＝5850円。基本手当の給付期間は最大150日となるので、総支給額は最大87万7500円となります。

一方、離職時の年齢が65歳でその他の条件が同じ場合、失業手当の基本手当日額は1万3000円×50％（65歳以上の高年齢求職者給付金の給付率）＝6500円。給付額は50日分となるので総支給額は32万5000円となります。

失業手当と高年齢求職者給付では50万近く変わるので、絶対に覚えておいたほうがいいです。

ただ、**失業手当は全員がもらえるわけではなくて、再就職しようという意思をハローワークの人に示しておくことが必要です。**働かない人はもらえませんというのはおさえておきましょう。

ほんだ先生の補足メモ

八木さんの説明を補足すると、会社員が入っている雇用保険は、離職して転職先を探す間は基本手当（失業保険）を払ってくれます。実は、64歳までは「基本手当」で、65歳以降は「高年齢求職者給付金」と、手当のしくみが退職する年齢によって異なるのです。

基本手当（自己都合退職）

被保険者であった期間	基本手当の給付期間
1年未満	—
1年以上10年未満	90日
10年以上20年未満	120日
20年以上	150日

高年齢求職者給付

被保険者であった期間	高年齢求職者給付金の額
1年未満	30日分
1年以上	50日分

基本手当の場合、20年以上勤めた会社を辞めると離職後150日間は給与に応じた額を受け取れます。一方、65歳以降に退職した場合は、給付額が50日分に減ってしまいます。20年以上被保険者として働き続けて、65歳の誕生日の前々日に退職した場合と65歳の誕生日前日に退職した場合では、100日分もの違いが出てしまいます。

ただし、65歳以降にやめた場合の高年齢

求職者給付は一時金でもらえるのに対し、64歳時点でやめた場合の基本手当は、毎月ハローワークに行かないと受け取れません。手間がかかるという点も踏まえておきましょう。

GACHI MONEY 049

転職した人こそ退職所得控除を意識

退職金

難易度 ★★☆☆☆

退職金制度がある会社で働いている人が会社を辞めると、退職金がもらえます。この退職金、一時金で受け取るときは、通常の給与にかかる控除より有利な「退職所得控除」という控除制度が適用されます。本人の勤続年数や退職金の金額によってどれくらい税金がかかるかは変わります。

控除される金額の計算式は「20年以下→40万円×勤続年数（※80万円が下限金額）」「20年超→800万円＋70万円×（勤続年数−20年）」です。具体的な金額でみると、退職金が500万円で15年勤続していたら課税所得金額はゼロです（40万円×15年＝600万円控除）。退職金1500万円で25年勤続していたら、課税所得金額は175万円です。このとおり、1年あたりの控除金額は20年を超えたら40万円↓70万円と大きく増えるので、長く勤続した方がおトク、という設計になっています。また、退職金は分離課税といって、ほかの所得と合算して税額を計算しないで済むため、控除額を超えても税負担は少なくなるようになっています。

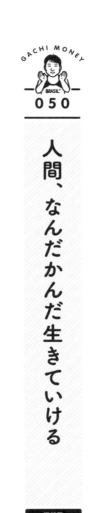

そしてもう1つ、**退職所得控除は退職金だけでなく企業年金やiDeCo（個人型確定拠出年金）にも控除を適用できます**。これらの場合、転職しても退職所得控除の勤続年数（加入年数）は通算できるので、長く加入すればするほど控除額が多くなります。

050

人間、なんだかんだ生きていける

再就職

難易度 ★☆☆☆☆

それなりに長く働いていると、転職したいけどどこも雇ってくれそうになかったらどうしようとか、独立したいけど食べていけなくなったらどうしようとか、将来が不安になることありますよね。でも、そんなのなんとかなりますよ。

これは芸人ならではの考え方だと思うんですけど、まず前提として、若手は「全員は食べられない」というところからスタートしてるんですよ。基本的に100人いたら、食べられる芸人は2、3人。みんなバイトと掛け持ちは当たり前。

でも、生活していけるんです。僕でいうと、全然人が来ないカラオケボックスで働いていました。そういう楽な仕事を見つけるのが芸人はめっちゃ上手いんですよ。なんでカラオケボックスは客が少ないのに潰れないかというと、カラオケは機材を周辺の飲食店とかに貸し出してその権利収入とか賃料でちゃんと儲かっている。芸人はその経済システムの隙間を見つけ情報交換しています。

ある後輩は「発電所のタービンを掃除する仕事」をしに行くといっていましたが、**世の中にたくさんある「そんなのどこから見つけてくんねん」という仕事の情報を、芸人同士で共有しているんです。**

あと、収入が極端に低いと所得税や住民税、国民健康保険料とか、各種税金や社会保険料も安くなります。例えば国民健康保険料は、総所得金額100万円なら1カ月の支払いは約1万6000円。総所得金額50万円なら1カ月あたり約5500円です。

※大阪府大阪市、令和6年度、給与所得区分なし

ほかにも、ミネラルウォーターではなく水道水を飲んだり、売れている先輩にご飯を食べさせてもらったり、そういった生活力次第なんですよね。

だから、**お金がなくなることを過剰に恐れなくてもいいです**。見方を変えれば、働くことって別にお金のためだけじゃないです。老後は勤労収入、年金収入、資産収入（預貯金や運用益を取り崩す）という３つの収入がありますけど、勤労収入が必要だからとか不要だからとかとは別に、みんな働いたほうがいいと思いますよ。緊張感があるし、いくつになっても、人間のつながりがあったほうが豊かだと思います。例えば僕はパチンコ屋で昔バイトしていたんですけど、好きなお客さんを１人決めて応援してたんです。「この人が勝ったらうれしいな」って、心のなかで応援するだけで楽しめますよ。結局マインド次第です。

ほんだ先生の補足メモ

八木さんの説明のとおり、健康保険料や所得税・住民税や社会保険料は前年の所得や家族構成などによって変わります。収入が多ければ負担は大きく、逆に少なければ所得税や住民税は軽くなります。これは国民の税負担は公平であるべきという制度設計の原則があります。

毎年5～6月頃には「住民税決定通知書」が届くので、税負担についてどれくらいの金額なのか、必ず目を通しておきましょう。

GACHI MONEY

051

「高年齢雇用継続給付」で給与水準を維持

高年齢雇用継続給付

難易度
★★☆☆☆

「高年齢雇用継続給付」は60歳以上65歳未満の一般被保険者を対象に、60歳時点よりも賃金が下がったときに給付が受けられる制度です。賃金が60歳時点の75％を下回ると、再雇用後または再就職後の賃金月額の最大10％が65歳になるまで支給されます。
※支給率は２０２５年４月１日以降適用のもの

考えられるケースとしては、関連会社に行っているパターンです。60歳で一旦退職して、関連会社に70％くらいの給料で再就職とか。この給付金について基本的に新しい会社からアナウンスはないと思うので、自分で今の勤め先に申請しないといけません。一番キツいのは60歳から64歳まで。ここって、サラリーマン人生のターニングポイントですよ。この5年間はしくみ的に収入も落ちるし制度面も弱い。谷になっている。

僕が個人的に一番キツかったのは45歳くらいでした。20代は独身でがむしゃらに働けましたけど、30歳で少し食べられるようになってくると、居酒屋に行き出すんです。で、結婚して子どもがいないときは2人で生活できたけれど、40歳くらいで子どもができて、後輩たちの突き上げもあり、上にも下にも挟まれて宙ぶらりんでどうしようというのが45歳でしたね。ベンチに座り、空を見上げたのを思い出します。

ほんだ先生の補足メモ

令和4年「高年齢者雇用状況等報告」によると、65歳までの高年齢者雇用確保措置を実施済みの企業は99・9%となっており、どの企業でも、65歳まで働ける環境が整備されてきています。これにともなって、高年齢雇用継続給付も、2025年からは支給率が縮小されています。この流れでみると、将来的には廃止される見込みです。

令和3年からは70歳までを対象に、定年制の廃止や引き上げ、継続雇用制度を導入するなど、働けるようにするしくみを拡大してきています。すなわち、我々の老後は70歳からと考え、60歳から70歳までの戦略を考える必要があります。制度的には、年金の繰上げや雇用保険の給付などもありますが、一番は八木さんもトレーニングを継続しているように、健康であることや仕事の幅を広げておくことが重要といえます。

GACHI MONEY

BRASIL

052

普段しない買い物を優待で

投資／優待

難易度

★☆☆☆☆

30歳のとき、吉野家の株を16万円分買いました。吉野家は株主優待が年に2回あり、それぞれ3000円のサービス券（※現在は2000円、100株〜199株保有の場合）が届きます。いったいどれだけの牛丼を食べたでしょう。牛丼に救われた日もあったと思います。あれから20年が経ち、使ったサービス券は12万円分。株価は買値の倍近くまで上がりました。思い返せば、あのとき投資した16万円には、圧倒的な価値があったのです。

普段だったらちょっと高めで頼まないメニューを優待で食べられるのもめっちゃいいんですよ。吉野家はメニューにあれば鰻《うな》丼なんかもサービス券が使えるんで、特盛りだって食べられます。

株主優待はほかにもいろいろもらっています。エディオンは買い物に使えるギフトカードが100株で3000円もらえるので、それに少しお金を足してゲームソフトを買っています。SANKO MARKETING FOODSはかなり使えます。持っている株数によって優待品の内容が変わりますが、居酒屋で30%割引券とかがもらえるわけです。みんなで居酒屋に行くときなんかにめっちゃおトクですよ。使い切れないくらいです。

株主だけが参加できるセールなんかもあります。娘は2万円の服を4000円で買っていました。あまりに高級品なので、我が家には似つかわしくないと思ったほどです。

で、優待の内容は変わるときもあるので要注意。とある銘柄は5000円の食事券がもらえていたのですが、いつからか優待内容が変わって2000円の優待割引券になっていました。

優待銘柄は権利落ち日を過ぎて安くなったところを狙って買うのもいいと思いますが、銘柄自体の値動きもあるので、元を取れるかどうかは難しいところです。11万円で株を購入して年に2回、4000円の食事ができたとしても、株価が4分の1になったら損していますよね。

値上がり益と優待は分けて考えたほうがいいです。

ほんだ先生の補足メモ

株主優待は株を買った瞬間にもらえるわけではありません。各企業が定めている権利確定日まで、その銘柄を保有する必要があります。株の買い注文と、実際に保有するまでの間にはラグがあり、日本では2日かかります。

つまり、権利確定日の2営業日前の株式市場が閉まるまでに株式を購入する必要があるのです。

また、優待目的で買うときの注意点として、優待利回り（株価に対して、優待で得られた利益の利回り）の計算は、一般的に商品やサービスの定価で計算されることが多い点には気をつけましょう。優待の良し悪しは、普段使うサービスや購入する商品の価格と比較して判断することが大切です。

053

高島屋のお買い物を18％OFFに

家計管理／節約

難易度 ★★☆☆☆

高島屋で圧倒的割引を叶《かな》えるテクニックを教えましょう。「タカシマヤ友の会」というおトクな会員サービスがあります。毎月一定額を12カ月間積み立てると、1年後の満期に1カ月分の積立金額が上乗せされた金額がお買い物で使えるんです。例えば、月1万円積み立てると、12カ月で12万円。ボーナス1万円が上乗せされて、満期受取額は13万円に。利回りでいうと約8％です。

また、これもココだけの話ですが、**高島屋の株式を100株保有していると、株主優待で総額15万円のお買い物まで10％オフになるんですよ**。友の会と合わせると、実質18％の割引です。これはめっちゃ大きい。

高島屋の株主優待は、持っている株数が増えるほどおトクになります。200株持っていると30万円まで10％オフ、1000株以上だと限度額がなくなります。

企業の社長さんなどで付き合いも多く、お中元やお歳暮を贈る頻度が多い人にとっては魅力の高い優待といえるかもしれません。

ほんだ先生の補足メモ

八木さんのテクニックは非常に効果的ですね。しかし、そもそも高島屋でのお買い物自体がおトクかどうか、という点は考えておくべきかもしれません。どのお店でも同一価格で提供するブランド品などは別にして、一般的にはお店ごとに価格が異なり、その差は18%では済まないケースも多いと思います。いつも高島屋で買い物をしている人や、普段購入しているものが高島屋と同価格帯のものであれば、使いこなせるしくみですが、普段高島屋に行かないような人には向かないかもしれません。割引そのものに踊らされるのではなく、いくらを結果として支払っているかを確認し、よりおトクなほうを選べる人が、本当に賢い消費者といえます。

GACHI MONEY

054

ＲＥＩＴに投資して、その分配金で家賃を支払うのもアリ

投資／REIT

難易度 ★★★☆☆

賃貸の人はＲＥＩＴに投資して、その分配金で家賃を払うというのもアリだと思います。

ＲＥＩＴは投資信託の一種で、投資家から集めたお金で不動産の購入や運用をする金融商品です。投資対象の不動産には、住宅だけではなくテナントビルや商業施設みたいに、さまざまな種類があります。

で、**ＲＥＩＴは不動産運用の収益を分配金として受け取れるんです**。例えば、３０００万円でＲＥＩＴに投資して５％で運用したら、税金を考慮しても月に10万円ずつ受け取れます。独身向けのワンルームなら、立地にもよりますが余裕で支払えちゃいますね。家族がいて、月に20万円くらいの家に住むなら６０００万円の５％で運用すればいい。持ち家と違って、単身赴任や異動があっても引っ越せばいいだけなので、転勤が多い人には有効な選択肢だと思います。

ただ、気をつけないといけないこともあります。ＲＥＩＴも値下がりする可能性があるので

す。また、このやり方はまとまった資金が必要となります。

ほんだ先生の補足メモ

一般の人からすると不動産投資というのは、ある程度の資産を持っている人しかできないものという認識かもしれませんが、少額からでも不動産投資を始められるのがＲＥＩＴ（不動産投資信託）です。

ＲＥＩＴのメリットは、リスクが分散されていること。例えば、３０００万円の予算で不動産投資をしようとしても、ローンを組まない限りは東京郊外のマンションを1室購入できるかどうかです。そして、購入した1室に入居者が来ないと収入は０で、大赤字になってしまいます。しかしＲＥＩＴは多くの投資家からお金を集めて、たくさんのビルやマンションに投資をしています。つまり株式投資信託と同様、たくさんの資産に投資するためリスク分散が可能です。

八木さんのいうようにＲＥＩＴにも値下がりというデメリットもありますが、そもそも新築の戸建てマイホームは買った瞬間に価値が激減します。不動産を自分の資産として持つときは、資産性を重視するならREITに投資して、家族の特別な空間を自分の所有物として持ちたいならマイホームを買う、というように判断するのがオススメです。

第 4 章

将来に備える

GACHI MONEY

055

最低限補償される額を知っておこう

保険

難易度 ★★☆☆☆

みなさんは預貯金や株式、投資信託などの資産は、金融機関に預けたり買ったりしていますよね。この資産って、万が一の倒産などがあったらどうなるか知っていますか?

もしものとき、金融機関に預けている資産は1000万円まで保護されます。銀行では「預金保険制度」という国が定めたルールによって、仮に破綻しても預金者1人あたり、1金融機関ごとに元本1000万円と破綻日までの利息が保護されます。

ということはこれ、リスクを避けるためには、1億円あったら1000万円を10個に分けて10行の銀行に預けたほうがいいということなんです。でも例外もあります。海外の支店は、預金保険の対象外です。また、外国銀行の在日支店も対象外です。

一方で証券会社が破綻したら、「投資者保護基金」により、1000万円まで顧客の資産が補償されます(分別管理が適切に行われていなかったために返還が困難な場合)。これも法令によって定められているセーフティネットです。ただこれも注意点があって、当たり前ですけど相場の値下がりによる損失は補償されません。

保険についても保護制度があります。生命保険会社が破綻しても、契約者の保険を守るしくみとして、生命保険契約者保護機構によって、別の保険会社や保護機構の子会社が保険契約を引き継ぐことになっています。また、生命保険会社は法律に則って「責任準備金」という積立金を確保していて、破綻したときはこの責任準備金の90％までは原則補償されます。**生命保険会社が保険金などの支払いに備えて準備しているお金があり、そこから補償されますよということです。**

自動車保険や火災保険は「損害保険契約者保護機構」があり、保険金、解約返戻金、満期返戻金が補償されます。例えば、自動車保険や火災保険などについては、破綻前に発生した事故および破綻後3カ月間に発生した事故の保険金が全額支払われます。3カ月を過ぎると80％とか90％とか契約内容によって減額されてしまいます。

あ、あと吉本興業にもセーフティネットがあるんですよ。いや、正確にはセーフティネットじゃないんですけど、「よしもとファイナンス」といって、所属芸人向けに貸付をやってます。

これしっかり金利も取られるんですけど、仕事を入れないと返済できないから、よしもとファイナンスでお金を借りた芸人は仕事が増えるという伝説がありました。

ほんだ先生の補足メモ

我々が普段利用している銀行の普通口座は、1金融機関ごとに1000万円までの元本と利息が保護されるため、万が一の銀行の倒産リスクに備えるのであれば、八木さんのアドバイスのとおり預ける銀行は分けたほうがいいでしょう。なお、「1金融機関あたり」なので、普通預金と定期預金とか、支店で分けても意味はありません。夫婦であれば2000万円までということになります。

なお、決済用預金（無利息型の普通預金や当座預金）の場合は、この1000万円までといった縛りもなくなり、全額が保護されます。この場合は金融機関を分ける手間もなくなります。普通預金の利息が、ほぼ0％のような時代であれば、お金の置き場所という意味では決済用預金のほうがよいという話もあります。

GACHI MONEY

056

保険も旅行もピンポイントで

保険

難易度 ★☆☆☆☆

世の中の保険にはいろいろな種類があって、なかには広範囲にわたって、複数の保障がくっついている商品もあります。でも、保険は目的に応じてピンポイントで加入することをおすすめします。

僕が加入している「収入保障保険」は、万が一のときに子どもが18歳になるまで毎月30万円、給付が続く契約です。これは滅茶苦茶シンプルな死亡保険で、自分が亡くなったらお金を受け取れますというだけの保障内容です。ほかの機能は基本的にありません。**無駄がないから、保険料も比較的安いんです。**

目的別に分けるメリットは、経済合理性があって、費用を抑えられるからです。例えば旅行で湘南《しょうなん》に行ったとき、プールがついていて家族で泊まれて夜ご飯も食べられるホテルだと旅費が高くなります。**ビジネスホテルに泊まり、海で遊び、近所の飲食店で晩ご飯を済ませるといったように、個別に済ますのが一番安いじゃないですか。**保険も同じ考え方で、分けて考えたほうが結果的に節約にもなります。ただ、旅行に関して、沖縄のように飛行機も必要となる場合は、パッケージにしたほうが安い例もあります。

ほんだ先生の補足メモ

日本人特有の事情として、付き合いなどのためにとにかくたくさんの保険に加入している人が非常に多いです。とくに目立つのが、貯蓄や資産運用を目的とした保険に加入しているケースであり、完全に保険の目的を見誤っているともいえます。

保険というのは、起こる確率は非常に低いが、発生した場合に多額の費用が必要となる事態に備えて加入すべきものです。例えば、自動車事故は、必ず起こるとは限りませんが、起こると賠償や修理に多額の費用がかかるため、入るべき保険といえます。また、子どもが幼いとき、すなわち自分がまだ若いうちに死亡する確率は低いですが、万が一のときの子どもの養育費に備えるために、収入保障保険も有効といえます。

一方、老後資金はほぼ高確率で全員に必要となります。年金保険はほぼ確実に起こることに備える保険であるため、本質からズレている商品といえるのです。また、人間はいずれ必ず死ぬわけですが、死ぬことに備える高額な終身保険も同様です（もちろんケースによっては有効な商品もありますが）。

GACHI MONEY

057

運用に慣れている人はiDeCo、慣れていない人は国民年金基金

保険

難易度 ★☆☆☆☆

個人事業主の芸人はいつ仕事がなくなるかわからない。だからこそ、老後資産の準備とは真剣に向き合わないといけません。現に僕は芸人を続けるとしたら、永遠に「膝中心の生活～！」とか「自分ドリブル～！」をやり続けないといけない。でもこれ、正直80歳になってもできる体力や自信はないです。

で、対策としてなにをするかというと、まずは「小規模企業共済」があります。これは個人事業主や小規模企業の経営者のための退職金制度であり、掛金が全額所得控除となります。受け取る共済金も一時金なら退職所得扱いとなり、退職所得控除が適用されます。

そのほかに、自営業やフリーランスの方が年金額を増やすための制度として、「国民年金基

るんです。

金」があります。これらは、会社員の厚生年金のように、年金受給額を国民年金に上乗せできる

国民年金基金も掛金は全額社会保険料控除の対象になるので、その分、所得税と住民税が安くなるのもメリットです。でも、デメリットもあります。もらえる金額が確定している（インフレ対応できない）、途中で任意脱退できない、掛金の支払いは60歳到達前月まで、資産の受け取りは65歳からということなどは注意したいポイントです。

国民年金基金は、１口目は終身年金を選びます。２口目以降はいろいろなタイプが選べますが、基本的には終身年金を選びましょう。65〜80歳支給のタイプなどでは、80歳になって支給が終わったあとの生活費をどうするかを考えないといけないからです。

ほかに自営業者向けの選択肢として、加入者が投資信託などの商品を選んで運用する「確定拠出年金（ｉＤｅＣｏ）」があります。こちらも限度額はあるものの、掛金は全額所得控除となります。国民年金基金と違って、運用成果次第で将来の受取額が増えることもあります。若い頃にハイリスク・ハイリターンで運用し、年齢を重ねるにつれて低リスク商品に切り替えていく、というスタンスで活用するのがいいと思います。

ただ、原則60歳まで受け取りができない点は注意が必要です。また、毎月拠出できる掛金の上限額はｉＤｅＣｏと国民年金基金の両方を合計して月額７万５０００円（※）までとなっています。

※２０２５年以降

まずは小規模企業共済から検討。次に、運用に慣れている人は確定拠出年金。慣れていない人は国民年金基金がおすすめです。

人生１００年時代ですが、芸人の高齢化も進んでいます。昔は若手といえば20代が中心でした。でも今は若手といっても30〜40代ですよ。僕は年齢が織田信長の没年より年上になってしまった。若手と呼ばれている芸人も、ここで紹介しているような制度を活用して将来に備えるべしです。

ほんだ先生の補足メモ

国民年金基金や小規模企業共済、確定拠出年金はそれぞれ対象者が決まっています。

まず国民年金基金は、国民年金の第1号被保険者である自営業者やフリーランスの人しか入れません。小規模企業共済は、個人事業主や小さな会社の経営者しか入れません。

そして確定拠出年金は、国民年金に入っている人がほぼ全員加入できます。そのため、サラリーマンであれば確定拠出年金一択となります。民間の個人年金保険に入るより、まずはiDeCoに加入したほうが、圧倒的に税制の点でも有利なため、検討する価値があります。

なお、NISAとiDeCoを比較する人もいるかと思います。税制ではiDeCoのほうが有利ですが、いつでも引き出せる柔軟性はNISAが勝ります。ただし、ついお金を使ってしまう人は、原則60歳まで引き出せないiDeCoのほうが、逆によいという場合もあります。

老後資金などの遠い将来に向けて確実かつおトクに資産運用するならiDeCo、なんとなく貯金しているが、引き出す可能性もあるお金はNISAというふうに、お金の置き場所を考えてみましょう。

058

行動は早ければ早いほど、人生の幸福度を上げる

前納

難易度
★☆☆☆☆

僕50年生きてきて、最近知ったことがあるんです。それは、お肉を美味しく食べる方法です。お肉の両サイドに網目の隠し包丁を入れると、とても柔らかく食べられるんです。かたいお肉も隠し包丁が入っているおかげで、ものすごく柔らかいんです。なぜこのことを僕はこの歳まで知らなかったんだと、すごく悔しい気持ちになりました。ハタチからこの隠し包丁の技術を知っていれば、30年間は柔らかいお肉を食べられたのに。

なんの話やねんって思うかもしれませんが、**要は「行動は早い方が得をする」ってことです。**

お金の使い方もそうなんです。さっき紹介した国民年金基金って、例えば4月から翌年3月までの1年分の掛金を前納（前払い）すると、0・1カ月分の掛金が割引されるんですよ。

これけっこうデカいですよ。仮に毎月の掛金が3万2000円の場合、40年間だったら12万8000円の割引。500円の牛丼でいうと256回分くらいの節約。で、これって結局の話、セッティングするだけじゃないですか。セッティングする時間は1時間かからない。しくみを作るだけで12万8000円もらえると考えたほうがいい。セッティングは一瞬、セットしたら一生。アクションは早ければ早いほうがいい。

お金の話からまた戻しますけど、情報をなるべく早く知る大切さって、なんでもそう。人生の楽しみにもつながる。例えば、近所に良い感じの銭湯を見つけたら、旅行先で楽しみを見つけるよりも、何度も行けてコスパがいい。この前も、三河安城にいい感じのビジネスホテルを見つけて、もっと早く知っておけばよかったと思いました。でもここから先の幸福度は、ずっとプラスされたままだからよしと考えるんですけどね。

ほんだ先生の補足メモ

早く動いたほうがおトクという観点では、年金保険料の前納はぜひ実践したいところ。自営業者の場合、国民年金は最大で2年分の保険料を前納できます。毎月納付する場合に比べ、2年間で1万5000円程度の割引になるため、40年間（20回）きっちりやれば、30万円程度割引ができます。

サラリーマンでもできる行動としては、ふるさと納税があります。

ふるさと納税は、一定額までであれば、2000円を自己負担するだけで、返礼品がもらえるしくみです。ニュースではふるさと納税の問題点などが取り挙げられることも多いですが、制度利用者の立場からみると、自己負担額以外のデメリットが全くない美味しい制度です。これも早く行動に移した人ほどトクする制度といえます。

GACHI MONEY 059

混同しがちな「収入保障保険」と「就業不能保険」

保険

難易度 ★☆☆☆☆

P157でもチラッと紹介したんですけど、保険商品で「収入保障保険」と「就業不能保険」はちょっと混同しがちなんで、ここで整理しておきますね。

自分が加入している収入保障保険は、月1万の掛け捨ての保険料で、万が一のときは月30万円嫁さんがもらえるようになっています。保険期間は娘が大学に行くまでで、要するにそのゴール（保険期間満了日）に近づいていくにつれ、保障金額も減っていきます。例えば10歳から

18歳まで8年間月30万円受け取れるのと、14歳から18歳まで4年間月30万円受け取るのとでは、総額が1440万円も違います。

でも、自分が早く亡くなるほど経済的損失は大きいですから、保障金額が小さくなっていくのは合理的で、なにも問題はありません。保障額がずっと一定の定期保険と比較すると保険料は安いので、家計を圧迫せずに選びやすいのもめちゃ大きいメリットです。

とくにこの収入保障保険をおすすめしたいのは、子どものいるご家庭です。 収入保障保険は毎月一定額受け取る年金形式だけでなく、一括で受け取ることもできます。

で、もう1つ、似たような名前の保険に「就業不能保険」というのがあります。これは病気やケガで働けなくなったときをフォローする保険です。給付金の支払対象は商品によって異なりますが、**サラリーマンは、精神的にやられて働けない人も多いので、結構重要です。** 脳梗塞とかで寝たきりになったときに、そっちのほうがお金がかかるから、備えておいたほうがいいと思います。

ほんだ先生の補足メモ

最近ネットを中心に、「公的な保険制度や年金があるから、民間の保険は無駄である。保険に入るくらいならNISAで投資していた方がお金が増える」という「保険不要論」が一部で広がっています。

国の社会保障制度はさまざまですが、それらは最低限の備えだと捉えておきましょう。例えばケガをして働けなくなったときに、健康保険などから医療費や休業中の給料を補う給付がされますが、当然、健康に働いているときほどの水準の額は受け取れません。また、医療費以外にもさまざまな費用がかかりますが、国の制度だけではカバーできません。

また、八木さんのいうような個人事業主など、働き方や家族構成によっては、保障が薄くなってしまう人もいます。

健康なときに、万が一のことを想像するのはなかなか難しいです。もちろん、その弱みに付け込んでくるような保険の営業トークがあるのは事実ですが、しっかりと公的な保険や年金ではどこまで受け取れて、どれくらい足りないのか、といった数字から必要な保険に加入することが重要です。

GACHI MONEY 060

ネットの自動車保険もサポートが手厚い

保険

難易度 ★☆☆☆☆

車っていいですよね。昔はどこに行くにも電動自転車で、その自転車のことを「クルマ」と呼ぶくらい気に入っていたんですが、義父から自動車を譲ってもらってから、その便利さを実感してるところなんです。

で、マイカーに乗っている方ならご存じかと思いますが、自動車保険には、代理店を介して保険会社と契約する「代理店型」と、ネットで直接保険会社と契約する「ダイレクト型（ネット型）」がありますよね。代理店型は対面で保険についての説明が受けられますが、保険料はネット型より高くなります。

どちらがいいかという話なんですけど、**自動車保険はネットのほうがおトクだと感じます。**

僕も代理店でもともと6000円だった保険料が、ネット保険に変えたら3000円になりました。補償内容や事故対応とかが気になると思うんですが、パンクしたときも加入しているネット保険会社はスムーズに対応してくれましたよ。これ、保険に入ってなかったらレッカー代も自腹。何十万もかかっていたでしょう。JAFとかでもいいですけど、保険自体は絶対に入っていた方がいい。

ほんだ先生の補足メモ

八木さんのいうとおり、自動車保険の代理店型とダイレクト型にほとんど違いはありません。主な違いは、契約の手続きの中間に販売会社などの代理店が入るか入らないかだけであり、その費用がそのまま保険料に反映されています。

みなさんが一番心配なのは事故時の対応でしょう。ダイレクト型はネットで申し込んでいるため、対応がきちんとされるか心配という不安があるかもしれません。しかし、代理店型であっても、事故対応や相手との示談交渉は結局は保険会社の役割です。つまり、代理店は保険会社に取り次ぐだけの存在です。

自動車保険加入者を対象としたアンケートでも、事故対応の満足度ではほとんど変わらなくなっています。であれば、安いネット型で十分といえるのではないでしょうか。

061

葬儀費用目的の終身保険はアリ

保険

難易度 ★☆☆☆☆

保険と貯蓄、保険と投資は分けて管理したほうがいいと、ここまで説明してきました。ただ、万が一のときの費用に備えたリスクカバーの手段として、終身保険を選ぶのも手です。

どういうことかというと、**死後は葬式費用や相続税の支払いなどで、なんだかんだとまとまったお金が必要になります**。例えば家計を支えている夫が亡くなったとき、本人の口座は凍結されてしまいます。すると、生活費を管理しているその口座から葬式費用を引き出そうにも対応してくれず、１００万円や２００万円の現金が用意できないというケースが生じかねません。

その点、終身保険は契約者や被保険者が夫であっても、受取人を妻や子どもにしておけば、

生命保険の契約者や受取人による税金の違い

被保険者	保険料の負担者（契約者）	保険金受取人	税金の種類
夫	妻	妻	所得税
夫	夫	妻	相続税
夫	妻	子	贈与税

現金をすぐに準備できます。保険金の支払期限は、原則、請求書類が保険会社に届いた日の翌日から5営業日以内です。また、法定相続人の数×500万円まで相続税は非課税となります。保険金はもらう人固有の財産となるので、遺産分割協議の対象とならない分、使い勝手もいいという点もあります。

あと、**亡くなったときは葬式だけでなく、お墓代や香典返礼費用、墓地や仏壇など、いわゆる「死後整理資金」としていろんな費用がかかるんです**。でもそれらのお金って、お布施や戒名料などの葬式費用や火葬・埋葬料以外、ほとんど相続税の債務控除の対象とならないんです。

こういう100万円単位のお金に備えて、終身保険でカバーしておくという考え方はいいと僕は思います。

あと、終身保険は若いときに入っておくと保険料が安いので、検討するなら早めに。いずれ必要になるかもしれないと思うなら、加入を検討しましょう。ご両親や親族に経済的なゆとりがないなら、単身者でも検討していいと思います。

ほんだ先生の補足メモ

終身保険と定期保険の主な違いは、保険期間と解約返戻金の有無です。

まず保険期間でみると、終身保険は一生涯保障が続くのに対し、定期保険は保険期間が決まっています。また、解約返戻金の点では、終身保険は解約すると基本的に解約返戻金を受け取れる一方、定期保険は解約返戻金がない掛け捨て型の商品がほとんどです。

この違いを営業トークに使い、「定期保険は掛け捨てでもったいない」と、終身保険をすすめる保険営業マンもいます。

しかし、万が一のために備えるのが保険である以上、保険は掛け捨てが基本であり、死亡という絶対起こるイベントに対して終身保険に入るのは、保険の性質と真っ向から対立しているといえます。

では、終身保険は不要なのかといえば、シーンによっては有効であり、その1つが八木さんのアドバイスのとおり、相続税や葬儀費用などの死亡直後に関して発生するお金です。もしあなたが自分に対して豪勢な葬儀をあげてほしいといっても、お金がなければ残された家族にはどうすることもできません。自分のお金のことを、死後までしっかりと考えておきたければ、残された家族が困らないように終身保険を検討する価値はあります。

GACHI MONEY

BRASIL

062

学資保険は本当は売りたくないお買い得商品

保険

難易度 ★☆☆☆☆

学資保険は、文字通り子どもの学費を準備するための保険です。満期を迎えたら、払い込んだ保険料より多くの学資金を満期保険金として受け取ることができます。

満期の返戻率は105~110%くらいです。子どもが10歳までに保険料の払込を終えるなどして、115%を超える契約もあるかなという水準です。**保険料の払込総額が300万円とかで、15年～20年後に10万円とか20万円が上乗せされるイメージです。**

もちろん、これらの金額は中途解約しないときの金額です。例えば払込期間が17年だと、3年とか5年で解約すると、払った金額より大幅に少ない金額しか戻ってきません。その点だけみると、貯蓄性はありません。

学資保険は代理店の受け取る手数料が安く、「保険会社は売りたくないただのドアノック商品では?」といわれることもあります。なので終身保険のパンフレットと並べて、手数料の高い終身保険に誘導するという話も耳にしたことがあります。

学資保険はよく中途解約や解約返戻率の低さが指摘されることがありますが、僕は上の子どもは18歳、下の子どもが10歳になるときに保険料の払込が完了する契約で、学資保険に加入しています。というのも、学費を個別に管理するメリットを選んだからです。

生活費とは別のお金の置き場所に独立させて、学費を家族で管理したかったこと。あと、あくまで保険なので、万が一のときは保険料免除で学費を準備できることから、学費の準備手段として学資保険を選んでいます。

あとこの保険料は、家計に余裕があるうちに払い込んだほうがいいと思います。晩婚の人の場合、夫が40歳のときに子どもが生まれたら、子どもに一番お金がかかるのは大学進学時期の58歳くらい。収入アップのピークは過ぎているかもしれませんから、**50歳までに払い込んで、早めに学費を確保したほうがいいと思います。**

ほんだ先生の補足メモ

八木さんが加入しているので、正直いいにくいのですが、個人的には学資保険のような長期間加入することになる金融商品を考える場合、インフレに気をつけなければいけないと考えています。

現在各社が販売している学資保険は、払い込み後の返戻率がおよそ110%弱の商品が多いです。「預けて10%も増えるならいいのでは？」と思うかもしれませんが、例えば大学の入学金は過去18年で15%ほどアップしています。結局保険だけでは足りず、手出しする必要がある場合がほとんどなのです。

今後社会情勢が大きく変わったり、インフレ率も変化したりするなかで、学資保険は解約すると元本割れするものがほとんど。柔軟に資産の方針を変えられない商品に多額の資金を置いておくことにはリスクがあると感じています。

GACHI MONEY 063

地震保険や海外旅行保険は補償対象を要チェック

損害保険

難易度 ★★☆☆☆

海外旅行の予定はありますか？　あるなら、旅行中のケガの治療費などが補償される海外旅行保険は必須ですよ。海外の医療費は日本と比べてびっくりするほど高額。万が一に備えておいて損はありません。携行品損害補償もあれば、荷物を盗まれたり、壊れたりしたときにも補償が受けられます。

注意しないといけないのが、一般的に**クレジットカードや現金、コンタクトレンズは補償の範囲外ということ**。ちなみに眼鏡は大丈夫でした。補償の対象になるのは事故や盗難の場合なので、どこかに置き忘れてなくしたものも対象になりません。

海外旅行にトラブルはつきもの。相方はマカオでパスポートをなくしかけたことがあります。船で移動中、相方が顔を真っ青にして「パスポートが見つからへん」と僕に近づいてきたんです。とりあえず「落ち着け」といって相方を落ち着かせました。すると、鞄《かばん》の小さなポケットからパスポートが出てきました。一番ベタな場所に入っていたのです。

さて、ほかにも補償内容の範囲で迷うのが地震保険。実は地震のほかにも噴火や津波による浸水なども補償対象です。簡単な覚え方があります。**「マグマの上昇が原因なら地震保険の補償範囲」です。**

ほんだ先生の補足メモ

海外旅行保険はクレジットカードにも付帯しています。カードを所有していれば自動的に補償される「自動付帯」と、カード会社の定めた条件を満たした際に補償される「利用付帯」という2つのタイプがあり、利用付帯のほうが補償は手厚い傾向にあります。

ただし、年会費が無料のクレジットカードには、補償がないケースがあるので注意が必要です。頻繁に旅行に行くなら、多少の年会費を払っても、補償が手厚いクレジットカードを選ぶと良いでしょう。

地震保険は建物の耐震等級や建築年などによって、それぞれ一定割合が保険料から割り引きされます。ただし、割引は重複しないため、割引率が50％と最も高い、免震建築物割引や耐震等級割引を利用するのがセオリーといえます。

GACHI MONEY

064

団信は最強の生命保険

住宅

難易度 ★★★☆☆

僕が最強の生命保険だと考えているのが「団信（団体信用生命保険）」です。

団信は住宅ローンを組むときに加入する保険で、保険料は住宅ローンの金利に上乗せするかたちで支払います。住宅ローンの金利は年齢に左右されません。**30代40代の人でも、20代の健康な人と同じ保険料で死亡保障やがん保障に入れます。**一般的な生命保険は年齢とともに保険料も上がりますから、これ、コスパの意味で最強なんですよ。

住宅を購入するならローンを組んだほうがいいと僕は考えます。3000万円の貯金があっても、それを与信に3000万円の家を住宅ローンで買います。もし僕が翌年死んだ場合、家族には3000万円の貯金と、3000万円の価値がある家を残せます。

住宅ローンの返済中は住宅ローン控除も受けられます。住宅ローン控除の控除額や利用条件は年々厳しくなっています。少し前はローン残高の1%が控除されましたが、今は0・7%まで下がり、さらに住宅も一定の省エネ基準を満たしている必要があります。中古物件を購入した場合も住宅ローン控除が受けられますが、借入限度額が新築物件より下がります。

中古物件の購入時は、その物件が1982年以降に建ったかどうかも気をつけたほうがいいです。**1981年は耐震基準が改正された年。それ以前の建物は地震に弱い恐れがあるので、古いマンションを買ってリノベーションするときは注意を。**

ほんだ先生の補足メモ

団信は契約者の死亡時に、住宅ローンの残債が保険会社から金融機関に支払われることで、実質的に返済が免除されるしくみです。団信にはがんや三大疾病と診断された時に残債がゼロになる特約をつけられる種類もあります。特約をつけるかどうかは、借入時の年齢で判断するといいでしょう。

住宅ローンを借りる人の平均返済期間は15・7年。これに借入時の年齢を足すと、返済完了時のおおまかな年齢を算出できます。年齢別のがんの罹《り》患率《かんりつ》を見ると50代までは確率が低く、60代から年齢とともに高くなるため、返済が60歳以前に終わりそうなら特約をつけないという選択肢もあります。

なお、死亡時のほか、がん診断時にローン残債の50%が保障される「がん50%保障団信」は上乗せ金利がないケースが一般的です。夫婦共働きで両者の収入が同じぐらいの場合は、がん50%保障団信に加入して、がん罹患時の負担をカバーするという方法もあります。

GACHI MONEY

065

中古住宅を買うなら瑕疵保険は必須

住宅／瑕疵保険

難易度 ★★☆☆☆

「新築なのに雨漏りしてる！」「大黒柱が折れてる！」といった事態でもクールに保障を受けられるのが住宅瑕疵《じゅうたくかし》保険《ほけん》です。保障期間中の「雨水の浸入」もしくは「構造耐力上主要な部分の欠陥」が発覚した際に保険金が支払われます。

新築住宅は加入が義務です。保障期間は10年で、最大20年まで延ばせます。**新築は最大20年間の安心保証がついているわけですね。**

中古住宅の瑕疵保険の加入は自由に選べ、一般的な保障期間は2年となっています。それでも売主が加入しているかをチェックしましょう。

最近では中古住宅を購入する前に、住宅診断（ホームインスペクション）をするケースもありますが、欠陥をすべて見つけられるとは限りません。高額な中古物件を住宅ローンで購入したあと、もし大規模修繕が必要になったら？　リフォーム用のローンを組むだけの余力が、家計に残されていないかもしれません。

瑕疵保険の保険金は居住者ではなく、補修を行った建築業者に支払われます。居住者の支払いは実質的に無料です。また、瑕疵保険は物件の引き渡し前に、売り手となる宅建業者などが申し込みます。買主側からは申請できません。

ほんだ先生の補足メモ

国土交通省が定めた基準によって行われる「既存住宅状況調査、既存住宅瑕疵保険関係資料（令和5年9月版）」などによると、中古住宅の3割で劣化や不具合が見つかったそうです。屋根からの雨漏りで建物に重度の損傷が発生した場合、修繕費が数百万円に及ぶ恐れがあります。中古住宅の瑕疵保険は検査料と保険料を合わせて6〜15万円ほどなので、費用対効果の高い保険といえるでしょう。

GACHI MONEY
066

奨学金と教育ローンは併用できる

奨学金／教育ローン

難易度 ★★★☆☆

奨学金と教育ローンは併用できます。ただ、どちらもお金を借りる制度。自分の返済能力を超えた借りすぎには注意が必要ですよ。**とくに、自分の奨学金の返済期間と子どもの教育費の発生時期が重なると家計が苦しくなるかもしれません……。**

奨学金の返済期間は最長20年間。貸与終了月の翌月から数えて7カ月後から返済が始まります。例えば22歳で卒業したら、返済は42歳まで続きます。このあいだに家庭を持って、子どもが生まれて、大学に進学すると、自分の奨学金の返済が残っているのに、さらに子どもの教育費の支払いが発生するわけです。仮に教育ローンや奨学金を利用したとしても、家計を圧迫することに変わりはありません。

子どもにかかるお金が最も増えるのは大学進学の時期。これは所得税に特別扶養親族として一定の控除額が設けられていることからも説明できます。所得税の扶養控除は、扶養対象の扶養親族が16歳から18歳、23歳から69歳までの間は38万円に設定されています。では、あいだの

19歳から22歳は？　この期間だけ控除額が63万円です。子どもの教育資金を貯めるのはとても大変なので、この控除は大きいです。一方で、学費の準備期間に教育ローンの返済が被るのはしんどいので、教育ローンや奨学金の利用は計画的に行う必要がありますね。

ほんだ先生の補足メモ

奨学金と教育ローンを整理すると、教育ローンは親が子どものために借りるローンであり、返済は親が行います。一方、奨学金のなかでも貸与型は学生本人が背負うローンであり、学生本人が社会人になったら返済していきます。

子どもの進学時に、今後の親の収入的に教育ローンを選択できず、奨学金を選ばざるを得ない家庭もあると思われます。ただ、ここで注意が必要なのは、奨学金は給付型でない限り、子どもが背負う借金になることです。高校生くらいの年代だと、「奨学金」という名前の響きから「お金を貰《もら》える」と勘違いする子どももいるでしょう。

奨学金を利用する前には、借金であることをしっかり伝えましょう。そのためには、両親にもきちんと説明できるだけの金融リテラシーが必要となります。

貸与型奨学金と教育ローンの違い

	日本学生支援機構の貸与型奨学金	国の教育ローン
利用者	学生本人	主に保護者
返済の開始	卒業後	借り入れの翌月または翌々月
返済期間	最長20年	最長18年
利率	利率固定方式：1.31％ 利率見直し方式：0.67％ ※2024年7月貸与終了者の場合	年2.65％ ※固定金利、保証料別
在学中の利率	在学中は利子がつかない	在学中は元金据え置きが可能

なお、国の教育ローンは年2・65％（2025年1月6日時点）の固定金利ですが、奨学金は種類によって利子の有無があります。無利子の第一種奨学金、有利子の第二種奨学金を利用するには、基準となる学力などの条件を満たす必要があります。

特に有利子となる第二種奨学金では、借入額によっては月々の返済負担が大きくなることもあるため、返済計画をしっかり立てることが重要です。将来のキャリアや収入の見通しを考えながら、無理のない範囲で借りるようにしましょう。また日本学生支援機構以外にも、自治体や企業による返済免除の奨学金制度もあるため、事前に情報を集めておくことが大切です。

GACHI MONEY

067

フリーランス向け労災が実は最強

労災

難易度 ★★★★☆

芸人はときに体を張らなくてはいけません。とくに大阪の芸人には体張ってなんぼの文化があります。1月2日という年明け早々、須磨のビーチにフンドシ一丁で降り立ち、漁船と綱引きしたことだってあります。浜辺に上がったら濡《ぬ》れた身体に寒風が襲ってくる。そんな過酷なロケもあるんです。だから、僕はもしもに備えて個人で労災保険に加入しています。

僕も加入している全国芸能従事者労災保険センターの労災保険は、2024年11月からフリーランスも特別加入対象になりました。農家やタクシー運転手、アニメーターなども、補償が受けられるわけです。保険料は1日あたりの給付額によって16段階に設定されていて、自由に選べます。**僕は掛金を年6万円の限界まで設定しているので、何かあっても、月収80万円のサラリーマンと大体同じレベルの給付がでます。**サラリーマンは自分で掛金を設定できないので、この点はフリーランスのほうが有利といえますね。

労災保険を使うには、仕事中のケガということを証明できないといけません。認められないと、健康保険を使っていないので全額自腹となります。その後に健康保険が使えれば、3割負担で大丈夫となります。

以前、あるネット番組でゲンゴロウを食べることになったんですけど、どうしても嚙《か》む勇気がでなくて、思い切って丸呑《まるの》みしたんです。そしたら、ゲンゴロウの肘が喉に引っかかってしまいました。番組終了後すぐ病院に。お医者さんに「どうされましたか?」と聞かれたので、「ゲンゴロウをのんでしまいました」と伝えると、お医者さんは「は?」となっていました。そんなこともありましたが、僕がゲンゴロウを食べる瞬間は生配信されていたので、無事労災保険が下りました。

もう1つポイントがあって、診察を受ける際には労災指定病院に行くことです。それ以外の病院でも補償は受けられるものの、労災指定病院以外では一時的に全額自己負担となってしまいます。

労災保険では仕事が原因で死亡した場合、遺族に一時金として300万円が支払われるほか、遺族年金を受け取れます。芸人の保険料率は0・3%と安価なので、支払う保険料は月に数千円で済むこともあるでしょう。わずかな出費で、いざというときに手厚い補償を受けられるのが保険の魅力です。自営業の人は自分の保険料率を調べてみてください。

ほんだ先生の補足メモ

労災保険は健康保険や国民健康保険と比べ、補償が手厚くなっています。健康保険では窓口負担割合が3割ですが、労災保険ならゼロ。病気やケガが原因で休職中の場合、健康保険の傷病手当金は支給期限が最大1年半までですが、労災保険なら期限はありません。障害者になったとき、死亡したときにも、公的年金に上乗せして年金が受け取れるしくみもあるので、フリーランスの人も加入しておいた方がいいでしょう。

GACHI MONEY 068

サラリーマンの保障はうらやましいくらい手厚い

社会保険

難易度 ★★★☆☆

僕のような個人事業主からすると、サラリーマンは保障が手厚くていいな、と時々思います。

教育費は学資保険、住居は団体信用生命保険、老後資金は厚生年金保険と、人生は3つの保険でリスクをカバーするのが大切です。このうち、学資保険や団体信用生命保険は個人事業主と会社員、公務員で大きな違いはありませんが、**年金に関してはサラリーマンの保障がうらやましいくらい手厚くなっています。**個人事業主が同じレベルの保障を受けようとしたら、いろんな制度を利用して、毎月の掛金を支払うことになります。

個人事業主の夫と専業主婦の2人暮らしの家庭では、まずは国民年金と国民健康保険の保険料の支払いが必要です。そのうえで、サラリーマンの厚生年金と同じぐらいの額を老後に毎月受け取るには、国民年金基金か確定拠出年金の利用がおすすめです。老後資金のことを考えるなら、退職金代わりに小規模企業共済への加入も考えるといいかもしれません。

これらの出費をまとめると、月収60万円の家庭では次のようになります。

・国民年金の保険料：月額約3万4000円（2人分）
・国民健康保険の保険料：月額7万5000円（2人分）
・国民年金基金：月額最大7万5000円
・小規模企業共済：月額1000円～7万円

国民年金基金と小規模企業共済の掛金を上限に設定すると合計金額は月額25万４０００円。手取金額は34万６０００円となります。

ちなみに、国民年金基金や小規模企業共済を利用していない個人事業主なら、手取金額は49万１０００円となります。「サラリーマンより稼げている」と思いがちですが、サラリーマンが将来に備えて支払っている分を手取りにしているのと同じなので、無駄な出費を増やしてしまうと、老後資金が足りなくなる恐れもあります。

個人事業主が老後についてサラリーマンと同じレベルの安心感を得ようと思ったら、想像以上の金額が必要になります。日本はサラリーマンにやさしい社会です。サラリーマンは恵まれていることをしっかり意識して、個人事業主はそれに負けじと老後に備えて、それぞれ毎日頑張っていきましょう。

ほんだ先生の補足メモ

確かにサラリーマンの社会保障は比較的手厚いといえますが、厚生年金だけでは老後の生活資金が絶対的に足りません。総務省の「家計調査年報」（令和4年）によると、夫婦2人の一般的な年金生活世帯の1カ月の実収入は24万6237円。ここから税金などを引いた可処分所得は21万4426円です。消費支出は23万6696円なので、毎月2万2270円、1年で約27万円不足していることとなります。老後、さまざまなことにチャレンジするつもりなら、資金はもっと必要です。

GACHI MONEY

069

保険金のトラブルは金融ADRで解決

金融トラブル

難易度 ★☆☆☆☆

自動車事故に遭ったのに保険金が下りなかったり、賃貸住宅から転居するときに敷金が返ってこなかったり……。お金に関するトラブルっていろいろありますよね。

お金に関するトラブルの相談先というとまずは弁護士が思い浮かぶでしょう。とはいえ、個人でお願いするのはちょっと尻込みしちゃいますよね。そんなとき、裁判よりも安価かつスピーディーに解決するための制度が「ＡＤＲ」です。なかでも、金融機関とのトラブルを解消する制度のことを「金融ＡＤＲ」と呼びます。

金融機関とのトラブルでいえば、身近なところでは保険会社との折衝が考えられます。提示された保険金額に納得できない。でも、裁判を起こすとなると訴訟費用がかかるし、１～２年ぐらい時間がかかってしまう……。そんなときに、**行政庁が指定する金融ＡＤＲ機関に申し立てれば、公正な立場から和解案を提示してくれます。**

通信費や交通費以外には費用がかからないことが多いので、裁判ほど費用もかかりません。金融ＡＤＲ機関には金融分野のプロが所属しているので、銀行やクレジットカード会社などと揉《も》めたときの、最初の相談相手として覚えておくといいでしょう。

ほんだ先生の補足メモ

ＡＤＲと裁判の大きな違いの一つが、実施主体が各分野の専門家であることです。さらに、解決までの経緯は非公開となっており、結果も原則として公開されません。裁判では民事訴訟法に沿った手続きが行われますが、ＡＤＲではより柔軟な対応が期待できます。

裁判と認証ADRの違い

	裁判	認証ADR
実施主体	裁判官	各分野の専門家
秘密の保護	公開	非公開
手続き	民事訴訟法に従う	柔軟な手続
費用	裁判所の訴訟費用	ADR機関に支払う費用
強制執行力	ある	ある※

※認証ADRで成立した和解のうち、その和解に基づいて民事執行をすることができる旨の合意がされたもの（特定和解）については、裁判所の決定を得ることにより、強制執行をすることができます（一部例外あり）。

法務省では認証を受けた民間ADR機関の活用を推進しています。日常生活に関するトラブルの際は利用するのも一つの手です。「かいけつサポート」ではADRのしくみを学べたり、認証ADR機関を検索したりできるため、お金の問題のみならず、日常の困りごとがあれば一度調べてみるのもいいですね。

ちなみに、契約に関する内容はもちろんのこと、対応や事務処理などで感じている悩みなども、ADR機関では対応してくれます。苦情などを伝えても改善されないときにもADR制度を利用できることは、知っておいて損はないですね。

■かいけつサポート
https://www.adr.go.jp/

070

節税は自分で動かないと勝手におトクにはならない

節税・節保険料

難易度 ★☆☆☆☆

節税は悪いことではありません。例えば、退職金代わりの小規模企業共済は、掛金の全額が所得控除されますが、これはサラリーマンが使える退職所得控除の代わりといえます。使っても大丈夫、むしろ使うべき制度なのです。**ただ、国が勝手に控除額を計算して、税金を安くしてくれることはありません。おトクになるには、自分たちから確定申告や節税対策をする必要があります。**

で、控除額を増やす制度には利用の優先順位があります。第1位が小規模企業共済で、次に国民年金基金か確定拠出年金、その後にふるさと納税と続きます。

我が家では、国民年金基金と確定拠出年金との選択で、国民年金基金を選んでいます。確定拠出年金の場合、一気に受け取れるので、妻が一気に使ってしまうというリスクがあるためです。それぞれの家庭に合った選択をしましょう。

ほんだ先生の補足メモ

サラリーマンはなかなかイメージできないかもしれませんが、収入が不安定な個人事業主の場合、収入と経費の調整が大変です。ちなみに、年収が安定している人のほうが税金は安く済みます。これは、所得税は超過累進課税という制度であるため、所得が高い年は税率が高くなるためです。例えば、2年間で800万円の収入があった場合、毎年400万円稼いでいたサラリーマンと、1年目に800万円稼いで翌年の収入が0だった個人事業主では、個人事業主のほうが税金を80万円近く多く納めることになります。

現状の仕事のノウハウなどを活用しながら脱サラしようとしている人は、サラリーマン以上に税金の悩みがあることも念頭においておくといいかもしれません。

第 5 章

お金を守る

GACHI MONEY

071

当てはまる経費が1つでもあったら会社員でも確定申告

節税・節保険料

難易度 ★★☆☆☆

確定申告って、会社員にはあまり縁がないと思われがちですけど、意外と知らないと損することが多いんです。**例えば医療費控除や住宅ローン控除。これらは年末調整で手続きできませんから、確定申告が必要になります**。ただし、住宅ローン控除の確定申告が必要なのは利用初年度のみで、2年目からは年末調整でOKとなります。

ほかにも、地震や火事で損害があったら、雑損控除として一定金額の所得控除を受けられます。災害が増えている今、頭の片隅に置いておいて損はありません。

確定申告って難しそうで実はそんなことはありません。国税庁が発表している「手引き」、見た瞬間は情報量が多くてビビると思いますが、慣れると簡単です。**山林所得みたいなほぼ使わない不要な項目はスルーして、自分に関係のある部分だけチェックしていけば、1週間、慣れたら2時間で終わる人もいます**。もし迷ったら税務署に行きましょう。親切に教えてくれますよ。

初めての確定申告は京都の税務署で教えてもらいました。年収が60万円とかだったんですけど、低すぎて税務署の人が驚いてました。芸人は確定申告でびっくりされることが多いみたいです。

サラリーマンにとっては、医療費控除が最も身近かもしれません。例えば、インプラントなどが経費に該当することも。当てはまる経費が1つでもあったら会社員でも確定申告する価値があります。

ほんだ先生の補足メモ

サラリーマンの場合、所得税は給与から源泉徴収という形で差し引かれています。これは、会社が税額を計算してあらかじめ引いているということです。しかし、この計算は必ずしも正確ではなく、実際の納税額より多く引かれていることがあります。そのため、確定申告で納めすぎた税金を還付してもらえる可能性があります。

八木さんが取り上げたもの以外で見落とされがちなケースとして、年の途中で退職し、そのあと再就職していない人の納税があげられます。この場合、年末調整を受ける機会がないため、税金が過剰に納められている可能性があります。この場合も確定申告をすることで、正確な税額に調整され、過剰分が還付されます。

　また、住宅ローン控除の対象は新築住宅の購入に限られると思われがちですが、実際にはリフォームも対象となります。具体的には、増改築のほか、バリアフリー化、省エネ工事、多世帯同居対応の改修工事などが該当します。このような工事のために借り入れた金額の一定割合が税額控除されますが、控除を受けるには確定申告が必要です。まずは調べてみましょう。

GACHI MONEY

072

ふるさと納税で季節を感じよう

ふるさと納税

難易度 ★★★☆☆

「ふるさと納税」は、**都道府県や市区町村に寄付することで、その寄付金の一部が所得税や住民税から控除されるしくみ**。寄付した自治体からは感謝の気持ちとして地域の名産品といった返礼品がもらえるので、めちゃ人気ですよね。普段手に入らない地域の名物を味わえたり、季節感を楽しめたりするので、おすすめしています。

返礼品は自宅以外に送れるのもうれしいポイント。僕の場合は実家に送ることが多いです。以前、知り合いが超高級な神戸牛セットを送ってくれたことがありました。10万円くらいのもので、生まれて初めて家で山盛りの神戸牛を楽しむという贅沢《ぜいたく》な体験をしました。

一人暮らしだと、フルーツや生鮮食品だと食べきれなかったり、受け取りのタイミングが難しかったりするかもしれません。そんなときは保存しやすいお酒や調味料などを選ぶといいですよ。

ふるさと納税の寄付額のうち、2000円を除いて全額控除される年間上限の目安は、年収1000万円までならざっくり1〜1・8%です。例えば400万円の人なら、約4万円ですね。

ほんだ先生の補足メモ

ふるさと納税は以前は確定申告が必要でしたが、「ふるさと納税ワンストップ特例制度」の導入により、寄付先が5団体（5市町村）以内であれば不要になりました。この制度では、自己負担額の2000円を除き、寄付した分の金額が住民税や所得税から控除されるため、非常におトクな制度です。

生鮮食品は多くが冷凍便で届くため、冷凍庫の容量が不足する可能性があります。ふるさと納税を積極的に活用したい方は、大容量の冷凍庫がある冷蔵庫を検討するのもいいですね。私は、普段から冷凍食品を活用していることもあり、ふるさと納税を始めた際に専用の冷凍庫を購入しました。そのおかげで、返礼品でもらったいくらを冷凍保存し、月に一度解凍して食べるという贅沢を楽しんでいます。

073

マイホームは木造のほうが固定資産税は安くなる

固定資産税

難易度 ★★☆☆☆

建物は構造によって固定資産税に差が出るんです。マイホームなら、木造のほうが固定資産税は安くなります。

木造住宅は鉄筋コンクリート造に比べて法定耐用年数が短いため、経年劣化による評価額の減少が大きく、結果として固定資産税が安くなるというカラクリです。これを「経年減点補正率」といいます。建物の価値が年々減少するので、税額も低くなるんです。

固定資産税ってちょっと複雑なんです。これはある農家の人から聞いた話なんですけど、田んぼの近くに大型スーパーが誘致されてきて、その農家さんは定期借地権の契約を結んで土地を貸したそうです。田んぼを更地にしてスーパーを建設したので、毎月一定の賃料収入が入るようになったらしいです。

ただ、農地を商業地に変更すると、固定資産税の税率が上がってしまいます。もしスーパーが撤退したら、その土地は更地として返却されるはずです。土地が利用されていない間は収入がなく、固定資産税だけが課されるリスクがあります。農地に戻すには、手間や費用がかかるため簡単ではないですし、戻せないまま田んぼまるまるの更地の固定資産税を支払うとなると高額になってしまいます。

ほんだ先生の補足メモ

固定資産税は、住宅や土地などを所有する場合に毎年支払う義務がある税金で、住宅は建物の現在の評価額に基づいて計算されます。この評価額は、建物の構造や経年変化によって判断されます。

具体的には、木造住宅では27年で評価額が20％まで下がるのに対し、鉄骨住宅などの非木造住宅では20％まで下がるのに45年かかります。固定資産税は住宅を所有している限り毎年支払う必要があり、長期間支払うことになるので、鉄骨住宅と木造住宅では固定資産税の総額に１００万円以上の差が出ることもあるようです。

ただし、固定資産税だけを基準に住宅を選ぶのは注意が必要です。鉄骨住宅は経年劣化が少ないため、売却時の価格が下がりにくいというメリットがあります。また、火災保険の観点では、木造住宅は火災のリスクが高いとみなされ、保険料が割高に設定されています。

住宅は人生においても大きな買い物だからこそ、「今自分が住みたい家」と「将来的にかかる費用」の両面から慎重に検討することが重要です。

GACHI MONEY

074

土地は1月2日に購入すると1年分固定資産税がおトク

固定資産税

難易度 ★★★☆☆

土地や建物にかかる固定資産税は、毎年1月1日時点を基準に決められます。で、納税義務は1月1日時点の土地や建物の所有者に課されます。新しく土地を購入するときに、**引き渡しが1月2日になると、その年の固定資産税を払う義務がなくなるんです。1年分の税金がまるまる免除されるんです。**

逆に、建物を解体する場合は1月1日以降に行うと、土地の固定資産税を節約できることがあります。建物がなくなると「更地」として評価され、固定資産税が高くなるケースがあるからです。

固定資産税の支払い義務があるのは1月1日時点の所有者ですが、不動産会社は税金の負担を調整してくれないこともあるので注意が必要です。僕も引き渡しまでは売り手の施工会社が不動産を所有しているんだから、固定資産税は施工会社が支払うべきだと交渉したんです。でも、結局は僕持ちになりました。

ちなみに軽自動車の軽自動車税（種別割）も同じしくみで、4月1日時点での所有者に対して課税されます。**4月2日に購入すればその年の自動車税がタダになるわけです。**

ほんだ先生の補足メモ

街を歩いていると、ボロボロで今にも崩れそうな家をそのまま放置している光景を見かけたことはありませんか？　実は、これには土地の固定資産税が関係している場合があります。

建物が建っている土地の固定資産税は、更地に比べて安くなるというルールがあります。例えば、土地に戸建ての住宅が建っている場合の固定資産税が年間10万円だとすると、建物を取り壊して更地にすると、固定資産税はなんと60万円になってしまいます。そのため、住宅として機能していない状態でもそのままにしているケースがあるんですね。

注意したいのが「建て替え」。土地に建物があるかどうかの判定は毎年1月1日に行われます。1月1日以降に建物を取り壊し、同じ年の12月末までに新しい住宅が完成していれば、とくに追加の手続きは不要です。一方で、1月1日の時点で新しい住宅がまだ完成していなければ、市町村役場や区役所に手続きを取らない限り住宅用地の特例が適用されず、更地扱いとなり高額な固定資産税を納める必要が生じます。

GACHI MONEY

075

医療費10万円を超えたら節税できる

医療費控除

難易度 ★★★☆☆

医療費が10万円を超えたら医療費控除が使えます。病院や歯科医院での診察や治療にかかった費用だけでなく、次のような出費も医療費の対象になります。

・あん摩マッサージ指圧師、はり師、きゅう師、柔道整復師による施術費用
・医師等による診療等を受けるための通院費用（バスや電車などの公共交通機関を利用した場合）
・入院の際の部屋代や食事代

・コルセットなどの医療用器具の購入費用や賃借料

また、**スポーツジムの利用料や禁煙ガム代も、医師の処方や指示があれば控除対象になることがあります。**

ただ、注意したいのは控除額。医療費控除は、年間の医療費が10万円（もしくは総所得金額等が200万円未満の人は所得の5％）を超えた部分に適用されるしくみです。そのため、10万円をギリギリ超えないのが一番不利。大きな医療費が発生した年は、ほかの治療も受けるといいですよ。あとは、所得が多く税率が高い人ほど所得税が軽減されますから、収入が高い年に歯の治療を進めるのも節税に有効です。

「セルフメディケーション税制」という制度もあります。これは市販薬の購入費用が対象で、特定の条件を満たせば医療費控除の代わりに利用できます。

これは民間医療保険の話ですが、息子が骨折した際にギプスを取り外し可能なものにしたら保障の対象外になりました。そんな細かなルールが決まっています。

ほんだ先生の補足メモ

セルフメディケーション税制は、あまり病院に通院せず、市販の医薬品をよく購入した方に適した制度です。この税制を利用するには、申告者本人が定期健診やインフルエンザの予防接種などを受けていることが条件となります。条件を満たした人が、対象の「ＯＴＣ医薬品」を年間で１万２０００円以上購入すると、１万２０００円を超えた額（最高８万８０００円）が所得から控除され、結果的に所得税が軽減されます。

対象の医薬品は、パッケージに「セルフメディケーション税制の控除対象」を示すマークが記載されていたり、購入時のレシートに印字されていたりします。

手術や入院などで高額な医療費を支払った場合は、通常の医療費控除を利用したほうが節税効果が高くおトクです。しかし、あまり病院に行かない人でも、ドラッグストアを利用する機会が多いなら、この税制を活用することで節税が可能です。

なお、医療費控除では、支払った医療費全額が戻ってくるわけではありません。

「医療費控除の金額×その人の所得税率」が実際の還付金額となります。そのため、手間のわりに還付金額が低いと感じる可能性もあります。

GACHI MONEY 076

病気が見つかれば人間ドックも医療費控除に

節税・節保険料／医療費控除

難易度 ★★☆☆☆

ふるさと納税の返礼品で、人間ドックのクーポンがもらえる自治体があるんです。脳検査に特化しているとか、がん検査が充実しているとか、なかにはＶＩＰルームが使えるところもあって面白いですよ。自分に合った人間ドックが選べるので、ふるさと納税の寄付先に悩む人は選択肢にしてみてもいいですよね。

ちなみに、人間ドックで胃カメラをすると結構高いんですけど、**症状があるときに検査を受けると、治療扱いになって保険が利くんです**。あとは、人間ドックの費用そのものは医療費控除の対象にならないんですけど、そこで病気が見つかって医療機関を受診すれば、人間ドックの費用も控除の対象になります。ＦＰの試験なんかでもよく出題される豆知識です。

吉本興業にも社内で健康診断があって、希望者は受けられるんです。その日だけは会社の雰囲気が異様に暗くなるんです。楽屋とか会議室に特設会場を作るんですけど、芸人たちがみーんな暗い顔して待っている。**吉本で最も暗い1日が健康診断の日です。**

ほんだ先生の補足メモ

八木さんのおっしゃるとおり、人間ドックや健康診断は基本的には予防医療なので医療費控除の対象になりません。しかも、会社員の場合は勤め先が健康診断を用意してくれることもありますが、フリーランスの人は自分で申し込んで受ける必要があります。

決して安くない費用なので、もったいないと感じる人もいるかもしれませんが、定期的に健診を受けることは、健康寿命を延ばし、結果的に将来の支出を減らすことにもつながります。また、健康診断を受けることで、市販の医薬品などの費用がセルフメディケーション税制の適用となるというメリットもあります。

GACHI MONEY 077

生命保険は掛金6700円がおトク

節税・節保険料／医療費控除

難易度 ★★☆☆☆

所得税や住民税を納めている人は、生命保険料、個人年金保険料、介護医療保険料の支払い額に応じてそれぞれ最大4万円の所得控除が受けられます。合計最大12万円が所得控除されるんです。2011年以前に契約した保険なら、最大5万円の控除になります。

個人年金は利回りこそ高くないものの、生命保険料控除の対象になる点はメリットです。それぞれ年間8万円以上の保険料支払いがあれば年間4万円の控除を受けられます。**つまり、控除の効果を最大にするためには月額6700円くらいの保険に加入するのが理論的にはおすすめです**（※）。

※2025年時点

ほんだ先生の補足メモ

生命保険料控除とは、生命保険や医療保険に払い込んだ保険料に応じて、一定の金額が契約者のその年の所得から差し引かれる制度です。

理論上は八木さんのアドバイスのとおり、各保険料控除目的で月６７００円の保険に入れれば控除額が最大になりますが、個人年金保険は保険として備えるメリットはあまり大きくありません。利回りも高いとはいえないため、保険料控除があったとしても、おトクかどうかは微妙なラインです。繰り返しとはなりますが、保険と資産運用はできるだけ切り離して考えることをおすすめします。

GACHI MONEY 078

売上が2000万円くらいなら法人成りも検討

節税・節保険料／法人

難易度 ★★☆☆☆

個人事業主と法人のどちらがいいのか、悩む人は多いと思います。これらは税金や経費の扱い、青色申告が使えるかどうかなどが主な違いです。

個人の所得が８００万円を超えると、法人のほうが税金が安くなる可能性が高いです。法人化すると最長２年間、消費税が免除されます。**つまり、法人化してから2年間は節税できると**

いうわけです。

法人成りするべきかどうかのボーダーラインは、個人的には売上が２０００万円から３０００万円くらいですね。個人の所得税率と法人税率23・２％を比べて考えるといいと思います。ただ法人化にはデメリットもあります。税理士さんへの費用も高くなりますし、接待交際費も８００万円が上限になってしまいます。

個人事業主が法人化するときは家族を役員にすることが多いんですけど、そのぶんの厚生年金も払わないといけません。売上が安定しているときは問題ありませんが、急に売上が下がっても社会保険料は変わらないから、そこはキツいと思いますよ。ただ、売れたら法人化する芸人も多いです。車とか家賃とかを経費で落とせるメリットがあります。

ほんだ先生の補足メモ

個人事業主１本でやっている人の場合、八木さんのいうように一定のタイミングで法人成りする選択もいいでしょう。ただし、法人成りが有効なのは、その後もその仕事を続けていく場合になります。単発で売上が跳ねたときや、数年で終わってしまうような事業の場合は個人事業主のまま続けたほうがいいケースもあります。法人化は、株式会社のケースで20~30万円程度の費用が発生し、決算申告のための作業や税理士への依頼といった手間もかかります。

本業で会社員をやっていて、副業でやっている個人事業が伸びた場合も、安易な法人化はおすすめしません。個人事業主として副業で稼いでいる分には、住民税と所得税のみ発生しますが、法人化して自分に役員報酬を出してしまうと、本業の給与に加えて副業の役員報酬に対しても社会保険料が発生します。会社員として社会保障制度に守られながら、副業で収入をプラスするのがイマドキなコスパのいい働き方といえるでしょう。

GACHI MONEY 079

マイクロ法人設立で配偶者分の社会保険料を減らす

節税・節保険料／法人

難易度 ★★★★☆

個人事業主が税金や社会保険料の節約を目的に設立する企業を「マイクロ法人」と呼びます。

事業の売上を全部マイクロ法人で計上し、そこから自分に対する役員報酬を年間123万円以下にすると、いくつかのメリットが受けられます。

123万円というのは基礎控除の58万円と、給与所得控除65万円を足した金額です。この控除内に役員報酬を収めると、マイクロ法人の売上に関しては所得税がかかりません。

さらにいえば、役員報酬は月額6万3000円未満にしておくと、社会保険料の等級が一番低くなり、節約になります。また、自身が**厚生年金の加入者になるので、自分に万が一のことがあったときに家族は遺族年金を受け取れるようにもなります**。配偶者を第3号被保険者にできる点もメリットですね。

ただし、マイクロ法人にはリスクもあるんです。どういうことかというと、「これってホントに会社として成り立ってるの?」みたいなフロント企業に見られないようにしないといけないんです。お金を払ってオンラインサロンに勤めていることにしたり、お金を払って仕事を受注したりしているケースもあるみたいです。

ちなみに、芸人あるあるなんですけど、法人名を特徴的な会社名にされている方が多いです。

で、領収書をお願いするときに恥ずかしくなって後悔している人が多い。口に出すのが恥ずかしいから、メモに法人名を書いて「これでお願いします」みたいにいうこともあるみたいです。

ほんだ先生の補足メモ

マイクロ法人とは、従業員が代表者1名のみまたは家族のみの会社を指します。一般的に、節税目的で設立されるケースが多いです。

個人事業主の場合、所得が上がるほど国民健康保険料も上昇しますが、マイクロ法人を設立して最低限の役員報酬を受け取るようにすれば、健康保険と厚生年金に切り替わり、社会保険料を抑えることができます。具体的には、個人事業での所得が500万円程度の場合、マイクロ法人と個人事業を併用することで、社会保険料を年間約60万円削減できる計算になります。

ただし、マイクロ法人の設立には注意点があります。個人事業とマイクロ法人の事業内容は、完全に別物でなければなりません。例えばソフトウェア開発のフリーランスの場合、マイクロ法人では開発業務はできず、コンサルティングや不動産業など、異なる事業を行う必要があります。

また、経理手続きが複雑になることや、マイクロ法人と個人事業の両方で確定申告が必要になるなど、手間も増えます。社会保険料の削減効果は確かにありますが、自身の仕事や生活にとってプラスになるのか、金銭面以外の観点からも十分な検討が必要です。

GACHI MONEY

080

中古車はディーラーで買うのが安心

節税・自動車

難易度 ★★☆☆☆

自動車って経費計算が細かく設定されているんです。２ドアかどうかだけでも全然違います。

新車は耐用年数が長いから経費率が低く設定されています。定額法という方式で比較すると、普通自動車の場合、１０００万円の新車は法定耐用年数が６年なので、年約１６７万円の経費となります。これが同じ１０００万円で中古車を買った場合、耐用年数が４年なら年２５０万円を経費計上できるので、新車よりも節税になります。ちなみに、リースだと全額経費で落とせるので、車が好きならリースのほうがいいかもしれませんね。好きな車に乗り換えられるので、実際に利用している知り合いも多いです。

とにかくおトクに車に乗りたいのであれば、耐用年数の短い中古車を買って売るっていうのを繰り返すのがいいと思います。

僕も最初は「買い換えなくてもいいかな」って思ったんですけど、ハイブリッド車ってめちゃくちゃ燃費がいいんです。**ガソリン代を考えたら、新古車に乗り換えた方が結果的におトクかもしれないですね。**新車の新規登録から13年経つと、自動車税も上がってしまいますし。

車ってこだわる人は本当にこだわるんですけど、お世話になっている社長さんの6000万円するマイバッハのドリンクケースには安い缶チューハイが入っていました。「あ、そこはチューハイなんや」というか、こだわるポイントって人によって違うんだなあと思いましたね。

ほんだ先生の補足メモ

自動車などの固定資産は、仕事で使う経費であっても、購入年に全額を経費計上することはできません。これを減価償却と呼びます。

自動車の場合、償却年数は6年です。例えば1000万円の新車を購入しても、1年目の経費計上は定額法だと約167万円までとなります。1000万円の現金を支払っても、経費として認められるのは約167万円だけなのです（残りは2年目以降に徐々に計上していきます）。

一方、中古車の場合は製造から一定の期間が経過していることにより、ある程度の額について一括での経費計上が認められています。とくに4年落ち以上の中古車は、購入金額の全額を初年度の経費として計上できます。これが、4年落ちの中古車、とくに高額なベンツなどの輸入車を購入すると節税効果が高いといわれる理由です。

081

4～6月の残業は気にしすぎなくてもOK

節税・節保険料

難易度 ★☆☆☆☆

厚生年金と健康保険の保険料は、4月から6月にかけての3カ月の給与額を元に計算されます。そのため、4～6月は有給休暇をとるなりして残業代を抑えるとおトク、といった噂を耳にします。

でもよくよく考えてみると、支払う保険料を減らせられる半面、将来もらえる厚生年金の額が減るリスクもあるわけですよね。だから、**「4月からの3カ月は残業を控えるべきか？」に対する僕の意見は「控えなくていい」です。**そもそも残業しなかったら、その月の給料が少なくなるわけですからね。

僕は沖縄が好きで、ちょこちょこ行くんですけど、個人的には沖縄は4月、5月、6月はシーズンオフだと思っています。5月が梅雨なのでこの時期はあんまり行きたくありません。沖縄に行くなら、本州が梅雨で、沖縄が梅雨明けしている6月下旬～7月10日くらいが一番いいですね。あと、9月初旬の沖縄は飛行機代がめっちゃ安い。人も少ないんで狙い目です。

それと、会社員の場合は4月って部署異動の時期ですよね。この時期にちゃんと仕事していないと、職場での信頼関係に響きそうな気がします。保険料の計算対象時期が1～3カ月だったらいいのに。

ほんだ先生の補足メモ

社会保険料は4～6月に支給される給与などの額を平均し、これを基準に1年間の保険料を決めるしくみです。これを「標準報酬月額の定時決定」といいます。ここでいう給与とは、基本給だけではなく諸手当をすべて含むため、残業代や交通費などの各種手当も合計して考えなければなりません。

4～6月に支給される給与は、月末締め翌月払いの会社の場合、3～5月の労働に対する給与なので、3～5月に残業すると、国は「この人は高収入の人だから、1年間高い社会保険料でいいだろう」と取り扱うことになります。

例えば、普段給与が月26万円の人が3～5月の3カ月間にたくさん残業して、月の平均給与額が30万円になった場合、年間の社会保険料は約7万円程度増えてしまいます。

しかし、社会保険料の計算上、給与が高く見積もられることにまったくメリットがないわけではありません。

まず、八木さんのアドバイスにもある厚生年金の増額です。現役時代に保険料を多く納めていれば、老後に受け取れる年金額が少し増えます。それだけでなく、病気や事故で障害を負った場合の障害年金や、死亡した場合の遺族年金も増額します。

また、ケガや病気で休んだときにもらえる傷病手当金にもメリットがあります。これも、直近の給与額で判定されるため、給与が高ければ1日あたりのもらえる額が増えます。産休時の出産手当金（健康保険）、育休期間の育児休業給付（雇用保険）、失業時の給付（雇用保険）も直近の保険料で決まるため、たくさん払っていれば、たくさん給付がもらえるのです。

GACHI MONEY

082

サラリーマンのスーツ代も経費になる

節税・節保険料

難易度

★☆☆☆☆

サラリーマンも仕事の勉強のための書籍購入や接待のゴルフなどで、ある程度の出費があります。そのようなサラリーマン特有の費用に対して、一定金額まで非課税になる制度が「給与所得控除」です。給与所得控除は、お金を使っても使わなくても自動で計算されるので、サラリーマンにも適用されています。

一方、特定支出控除は、サラリーマンのなかでもより仕事に関するお金をたくさん使った人に適用されます。給与所得控除の半分よりも多く自腹で必要経費を払ったら、半分の金額を超えた額をさらに所得から差し引いて税金計算されます。

ただし、給与所得控除の半額となると結構な金額です。例えば、年収400万円の人の給与所得控除額は124万円なので、半額の62万円以上を年間で使うと、使った金額から62万円引いた残額分を所得から控除できます。年間62万円分もスーツや単身赴任の往復旅費、資格取得などに使う人はそれほど多くないでしょう。

ちなみに僕の経費としては、営業先でプレゼントしているブラジルバッグやブラジルキャンディがあります。僕の部屋は狭く、そこに山積みされたブラジルバッグとブラジルキャンディに囲まれて寝ています。

ブラジルバッグにはカラー展開があり、基本がグリーン、レアカラーがオレンジ、あと激レアカラーが何色かあります。ブラジルキャンディは５０００個作ったのですが、困ったのがキャンディが溶けやすいので部屋の暖房を入れられないことです。なので極寒のなかで寝ていました。

ほんだ先生の補足メモ

特定支出控除の「特定」に含まれているものを見てみましょう。例えば引っ越し費用や単身赴任のための移動の交通費。会社から交通費が出ない場合、確定申告で支払った金額を取り戻せます。自動車免許やＭＢＡとかの資格取得費用にも使えます。勉強のための書籍購入費用も「特定」の範囲内です。**要は、仕事に必要な出費が該当するわけです。サラリーマンの必需品のスーツも対象になります。**

ただし、控除を受けるためには、会社に内容を証明してもらったうえで確定申告をしなければならないので、手続きが面倒です。税金が少し安くなるくらいなので、医療費控除などと同様に、本制度も手間と対価を考えて利用を検討するのをおすすめします。

GACHI MONEY

083

産休・育休中の厚生年金保険料は無料

節税・節保険料

難易度 ★☆☆☆☆

産休、育休中は厚生年金と社会保険の負担が免除されます。さらに、**ボーナス月に産休・育休を取ると、所定の条件はありますが、ボーナスの社会保険料も免除になるんですよ。**産休や育休をとるなら、ボーナス月の月末を休暇期間に入れられるといいですね。

当たり前ですけど、初めての子どものときは育休や産休の手続きも初めてなわけですよね。慣れない制度を利用することになるので、申請漏れなんかで後悔することがないように、事前に制度内容を正しく勉強しておくことが大事だと思います。家を買うときなんかも一緒ですね。

僕が悔しいと思ったのは、「国民年金保険料の産前産後期間の免除制度」。**第1号被保険者が出産する場合に、出産の前2カ月と後2カ月（予定日または出産日が属する月の前月から4カ月間）、国民年金の保険料が免除される制度があるんです。**子どもが産まれたとき、この制度を知らずに奥さんの保険料を普通に払っていたので、あとから知ってめっちゃ後悔したんです。結果6万円の損。しかも、子ども2人でトータル12万円ですよ。

でも、あとになってわかったのですが、実はこの制度って２０１９年に施行されているので、我が家は適用外だったんです。それではうちの子が生まれるときに知らないわけですよ。だから、実際には損していなかったのでホッとしました。

この制度は金額が大きいので、これから国民年金第1号被保険者の奥さんが出産を控えているという人はぜひ利用して欲しいですね。手続きしないと適用されないので注意してください。

ほんだ先生の補足メモ

育休中は、雇用保険から育児休業給付が受けられます。この育児休業給付は、休業開始前6カ月の賃金によって決まり、全額非課税です。八木さんがいうように、期間中は社会保険料の支払いが免除されます。社会保険料の免除には、免除を受ける月の月末が育児休業中であることか、その月内に育児休業を取得した日数が14日以上であることのいずれかの条件を満たす必要があります。

ただ、賞与（ボーナス）の社会保険料免除については、注意が必要です。賞与の場合は、賞与が支払われた月の月末に休んでいるだけでは免除とはなりません。末日を含んだ連続した1カ月を超える育児休業等を取得していることが、免除の条件となっています。

以前は月末に休んでいるかどうかだけで判定されていたので、賞与が支払われる月末の1日だけ育休を取っていれば免除されていました。現在はしっかりと休んでいることが条件に追加され厳しくなったということですね。

GACHI MONEY

084

副業の経費で税金をおさえる

節税・節保険料

難易度 ★★★☆☆

サラリーマンとしての給与所得とは別に、副業の事業所得や不動産所得がある人は、副業にかかった経費を確定申告で計上できます。例えば、副業で記者をしていて事業所得があるなら、**パソコンの購入費やインターネットの通信費、家賃（仕事場の分のみ）を経費にできるんです。**

また、副業で赤字が出たときに、本業の収入と損益通算して税金を抑えるテクニックが使えます。レアケースですが、サラリーマンが副業で居酒屋を経営していたとします。居酒屋で４００万円の赤字が出た場合、サラリーマンとしての収入が６００万円あったら、給与所得控除で１６４万円引いて、さらに赤字分の４００万円を損益通算し、差し引いた金額の36万円で確定申告できるんです。

ほんだ先生の補足メモ

損益通算できる所得には制限があり、事業所得や不動産所得などに限られます。八木さんが紹介したテクニックは、居酒屋さんという事業をやって、立ち上げた年の１年目が赤字だったとした場合、それを給与所得と打ち消せるという話です。

居酒屋などはわかりやすい事業ですが、気をつけなければいけないのは、副業でやる人が多い執筆やデザインなどの事業です。

副業で稼いだお金の場合、それが事業として認められる所得であれば事業所得となりますが、事業のレベルではないと判断されると、雑所得になります。雑所得の場合、赤字が出たとしても給与所得などの他の収入とは打ち消せません。つまり、いくら頑張って経費に入れても、意味がなくなってしまうのです。

事業所得と認められるかどうかは、「その所得を得るための活動が、社会通念上事業と称するに至る程度で行っているかどうか」で判定されます。つまり、仕事における帳簿をしっかりとつけ、営利性をしっかりと持って、ある程度売上を立てなければ事業所得と認められません。簡単にいえば、その仕事だけで生活していけるようなレベルでビジネスをしているかが判断基準となるわけです。

GACHI MONEY

BRASIL

085

社会保険料は本業の収入が基準

節税・節保険料

難易度

★★★★☆

サラリーマンの人が、副業でいくら収入を上げたとしても、社会保険は会社で加入をしているのであれば、社保に加入する必要はありません。

例えば、年収300万円のサラリーマンが、副業で3000万円を稼いだ場合、税金は3300万円分払う必要がありますが、社会保険料は会社で入っているので300万円分に対してだけでよくなります。

なので、副業で稼げば稼ぐほど、相対的に社会保険料の面では負担が減るというわけです。

ただし、将来の年金額は社会保険料で決まりますから、社会保険料を抑えるのは自分の老後の収入を減らすということにもなります。もし、副業で稼ぐなら、自分自身で老後に備える必要があります。

086

退職日は月末がいいって本当？

節税・節保険料

難易度 ★★☆☆☆

会社を辞めるときって、ああもう早くここ辞めたいなって思う人も多いでしょう。でも、フリーランスの人の場合辞め急ぐ前に、退職日について損得があることをしっかり知っておいたほうがいいですよ。

というのも、退職日がいつかによって社会保険料の負担が変わるんですよ。月末以外で退職すると、**その月の健康保険とか年金の社会保険料は天引きされません。そのかわり自己負担に**

なるからなんです。健康保険も年金も第３号被保険者で被扶養者なら保険料を負担しなくてもいいんですけど、そうじゃないなら単に自己負担になるだけです。要は奥さんの国民年金や国民健康保険料を負担しないといけなくなります。

厚生年金は国民年金より年金保険料が高くなるかもしれませんが、会社が折半して払ってくれることを考えると、天引きされた方がよいと思います。

ほんだ先生の補足メモ

もし月末以外、例えば月末1日前などに辞めると、確かに会社を辞めた月は年金などの計算上、会社員じゃなかったこととなるので、最後の給与から引かれる社会保険料は削減できます。

しかし、そのかわりに別の社会保険に入る必要が出てくるわけです。夫や妻の扶養に入る人以外は、国民健康保険や国民年金に自分で入らなければいけない。結局保険料をそっちに払うのだから、あまり変わらない状況となるわけです。

退職日と社会保険の関係

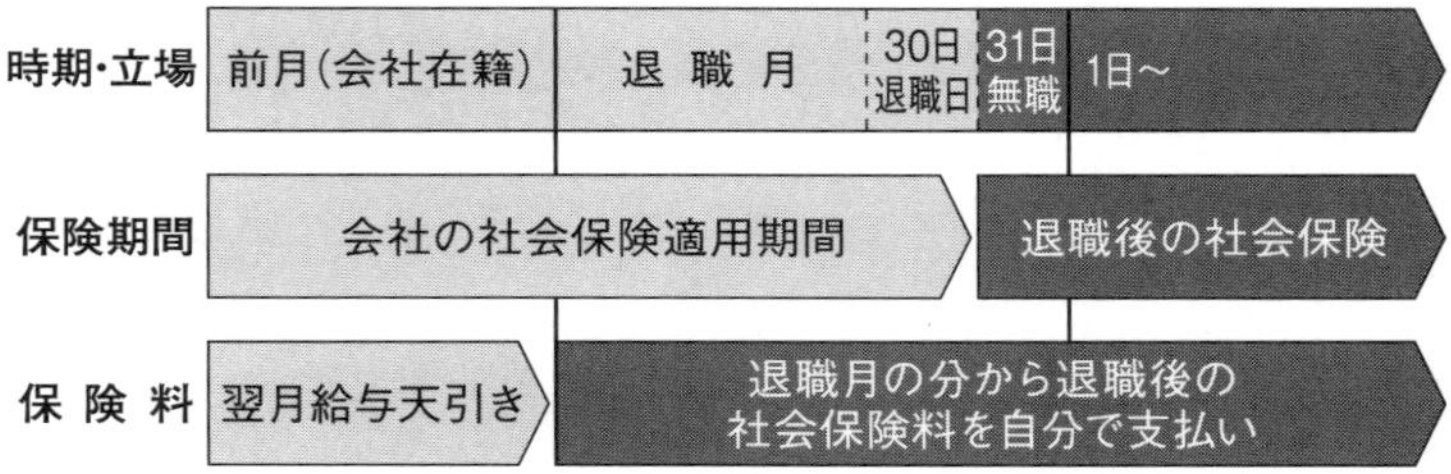

基本的にサラリーマン向けの社会保険というのは自営業者向けの制度よりも手厚くなっています。だから、八木さんのいうように、基本的に月末退社にしておいたほうが従業員の目線ではよいかと思います。

ちなみに社会保険料について会社目線で考えると、会社は従業員の社会保険料を半分負担しています。そのため、会社からすると、月末以外の退職にしたほうが会社側の負担が少なくて済むので、例えば月末1日前の退職扱いを希望するかもしれません。

社会保険のしくみは複雑で難しいですが、制度の事情も知っておくことで、損をする選択を防ぎましょう。

GACHI MONEY

087

自分のギャグも遺言書で子どもに残す

遺言書

難易度 ★★☆☆☆

自分が亡くなったときに、財産をどう分配するのか意思をはっきりと残せるのが遺言です。でもこの遺言、法的な効力を持たせるためには書き方はなんでもいいわけじゃなくて、自筆の場合は日付を入れておかないとだめとか、手書きじゃないとだめとか、色んなルールがあるんです。

遺言には「公正証書遺言」「秘密証書遺言」「自筆証書遺言」の3つがあります。それぞれ作成方法や保管方法が違います。公正証書遺言は公証役場の公証人と証人2名の前で内容を口頭で伝えて、作成してもらうことができます。**公証役場の管理なので、偽造や変造を防止する検認という手続きが不要で、スムーズに相続手続きが進められます。**検認手続きは1カ月くらいかかることもあるので、このメリットは大きいです。ただ、証人2人が必要だったり、ほかと比べて高額だったりするのがデメリットです。

自筆証書遺言は文字通り自身が「自筆」で作成します。費用がほとんどかからないというメリットがありますが、ルールに則っていないと無効になったり、検認が必要というデメリットもあります。

で、遺言の作成方法はこのとおりいろいろあるんですけど、大事なのは「遺言は優先度が高い」ということなんです。法定相続といって、法律では一応遺産の配分について配偶者とか子ども、場合によっては親や兄弟にまで及んで割合が決まっています。でも、「遺言は法定相続に優先する」と法律で決まっていて、遺言は亡くなった被相続人の意思とみなされて、原則そのとおりに配分が決まります。

僕が遺言を書くとすると、まずミライちゃん（愛用のスマートドール）を誰に任せるかを書きます。そして、ギャグを誰にあげるか。子どもが欲しがれば子どもに、いらないならギャグの札を1000個並べてほしい若手にドラフトで持っていってもらおうと思います。札がたくさん残ったら、カナシイタケーですね。

ほんだ先生の補足メモ

近年、自筆証書遺言書保管制度が注目されています。これは自分で書いた遺言を、法務局に持っていくことで、保管してもらえる制度です。

メリットとして、提出する段階でチェックが受けられるので、方式不備によって無効となるリスクが低いことや、利害関係者による改ざんや紛失のおそれがないこと、死亡後の検認の手続きが不要なこと、死亡の事実を確認後に遺言書の存在が相続人等に通知されることなど、遺された家族が安心できる特徴が多くあります。費用も1通あたり3900円と、公正証書遺言よりかなり手ごろな金額となっています。

デメリットとしては、遺言者本人が法務局に出向く必要があり、遺言という性質上、代理や郵送もNGであることがあげられます。寝たきりの人は使えないので、元気なうちに作成しておきたいところです。

GACHI MONEY

088

生前贈与も早いほうがおトク

相続

難易度 ★★☆☆☆

子どもに資産を残せるなら残したいですよね。たいした資産はないんですが。子どもに資産を残す方法って、基本的に、亡くなって遺産を相続するパターンと、生きている間にお金や資産を贈与するパターンの2種類に分けられます。

で、税金面で考えたときにおさえておきたいのが、相続税のほうが税金は安くて、贈与するときにかかる贈与税のほうが高いというところです。

じゃあ、贈与はあまりしないように控えて、税金の安い相続にたくさんまとめたほうがいいって思いますよね。でもさらに意識したいのは、贈与も毎年１１０万円までは非課税になります。なので相続が始まるより前に、毎年１１０万円分は、子どもに贈与をしていったほうがおトクです。

この１１０万円まで非課税になる制度のことを、暦年課税といいます。この暦年課税制度についての利用の仕方としては、子どもの名義で口座を作って、そこに子ども宛にもらったお年玉や祝い金のお金を入れていくという人も多いと思います。

でも、子どもの口座なのに親が頻繁に入金だけでなく引き出していると、**「実質的に親の口座」である、いわゆる名義預金とみなされかねません。**そうなると相続が始まったときに贈与ではなく相続資産とみなされます。そうならないためには、子どもにも口座の存在を教えて、共同で管理しているという実態が大事。贈与契約書を作って、贈与の日付や贈与者（親）と受贈者（子ども）、金額なども記載して、捺印《なついん》もしておきましょう。子どもが字を書けないなら親権者が代筆、と添えておいたらＯＫです。ちょっと面倒かもしれませんがこれけっこう大事です。税務署の人に子どもが尋ねられたとき、「ボク、知らないよ」と答えると名義預金とみなされちゃうこともあるので、気をつけておきましょう。

あと大切なのは、贈与は相続が開始したときから遡って3年以内は相続財産とみなされるということ。さらに最近法律が変わって、２０２４年1月1日以降に受け取った財産については7年間遡って相続財産とみなされるようになりました。つまり、課税対象となる相続財産を減らすためには、１１０万円の暦年贈与は早いほうがいいということです。生前贈与は早いほうがおトク、これ覚えておいてください。

ほんだ先生の補足メモ

相続は死亡した時点で一気にお金が移るのに対し、贈与は生きている間に少しずつお金を渡していくイメージと覚えておきましょう。複数年にわけて暦年課税で少しずつ贈与した場合は、相続でまとめて受け取るより、税金を減らせる場合があります。現金や不動産などの資産の額が相続税の基礎控除（およそ3000～5000万円くらい）を超えて、相続税を納めなくてはならない可能性がある人は、早めに贈与で相続税の負担を減らすことが重要です。

089

子どもにお金を残すなら内緒で

相続

難易度 ★★☆☆☆

子どもにお金を残してあげたいという気持ちはあるけど、子どもも人間ですから、お金があるとどこかで甘えが出てしまうと思うんです。例えば、3000万円を残したとして、子どもにとってその金額は大金かもしれません。でも、実際のところは2億～3億稼がないと一生暮らしていくのは難しいでしょう。**だから結局はそのお金だけでは無理です、甘えるわけにはいかない、という自覚が大事**で、そこは勘違いさせてはいけません。

僕ら芸人はなんの保証もない世界で暮らしています。だから電話に出る速度とか速いですよ。仕事をくださるクライアントのことをめっちゃ考えていますから。詳しくはわからないですけど、給料が保証されているサラリーマンからすると感覚として違うところもいくらかあると思います。

子どもは親のお金はないと思っておくほうがいいと思います。**結果として遺産があったらラッキーやなくらいで。ない前提のほうが、経済的に自立した人間になれると思うんです。**

ほんだ先生の補足メモ

子どもに資産を残す場合は、どういった形で残すかも考えておきましょう。特に日本で問題になっているのが、子どもが兄弟で何人かいて、親の財産が不動産しかないケースです。一般社団法人相続解決支援機構が実施した「相続トラブルとその解決に関する調査」（2023年）によると、相続トラブルの原因の1位が不動産の相続で、

44％も起こっています。

不動産が厄介な理由は、現金と違って分けて使うことができない点にあります。例えば兄が土地を引き継いだとしても、弟は現金のかたちで欲しいといったように話し合いがまとまらず、揉めるケースも多いようです。また、死亡後に急いで売ろうとすると、相場よりも安く買い叩《たた》かれてしまったり、思い出の自宅だから売りたくないといった感情的な要因まで入ることで、さらに泥沼化したりすることもあります。

こういったことを避けるには、子どもが独立したあとに、自宅や不動産をある程度現金化しておいて、相続しやすくしておくことも1つの手です。ただし、不動産よりも同額の現金のほうが相続税は高くなるため、不動産の現金化はしっかりと計算した上で計画を立てた方がいいでしょう。

GACHI MONEY 090

おじいちゃんには甘えてみよう

相続

難易度 ★☆☆☆☆

人生100年時代の現在、祖父母から孫に教育資金や結婚・子育て資金の援助を受ける人、珍しくないと思います。**教育資金は1500万円まで、結婚・子育て資金は1000万円（うち結婚は300万円）までの援助が非課税です。**

具体的なモデルケースを思い浮かべると、おじいちゃんは80歳くらい、お父さんは50歳くらい、子どもは18歳と16歳くらい。そのまま**おじいちゃんが亡くなったら遺産に相続税がかかりますけど、生前に教育資金の一括贈与制度を利用して子どもに学費を渡しておけばその分は税金はかかりません。**お父さんはまだまだ住宅ローンもあって家計がキツい。そんなときにおじいちゃんがお金を持っているなら、相談しに行くのもいいと思います。おじいちゃんが本当に資産を持っているなら、どうせ税金でとられるから、おじいちゃんに甘えてみるのもいいですよ。

で、ちょっとだけ注意したいのが税金面です。

祖父母から孫へ教育資金を贈与された場合、使い切れなかった分は相続した年に税金がかかります（受贈者が贈与者の死亡日において、23歳未満である場合、学校等に在学している場合、教育訓練給付金の支給対象となる教育訓練を受けている場合は相続で取得したとはみなされません）。

相続人ではない孫の場合は、受け取った教育資金を使い切ってなくて残高が残っていると、相続財産とみなされて相続税は2割加算されます。１５００万円が非課税だったはずなのに、亡くなってしまうと祖父母の口座に戻さない限り、１１０万円を超えた分は相続税がかかります。この点は注意しておきましょう。

ほんだ先生の補足メモ

孫への早めの贈与は相続税の対策上もかなり有利な手段です。非課税制度がいろいろと使える点もメリットですが、孫への生前贈与は「持ち戻しされない」ということも挙げられます。

どういうことかというと、例えば相続税対策として、おじいちゃんが死亡する2年前に、そのおじいちゃんの子と孫にそれぞれ100万円を贈与したとします。その後おじいちゃんが亡くなり、財産は子どもが相続することになったとします。

このとき、相続人である子どもが2年前にもらった100万円は、相続税の計算上、おじいちゃんが死亡時に持っていた相続財産に足さなければなりません。死亡してから3～7年以内（2024年以降の贈与分については7年に持ち戻し範囲拡大中）に相続人が受け取った財産は足してくださいね、という生前贈与加算というルールがあるためです。

一方、孫がもらった100万円は相続財産に足さずに済みます。孫は相続税の計算上では、遺産を相続していないことになるため、相続税を支払う必要はありません。同じ贈与をするとしたら、子より孫の方がおトクになる可能性が高いということです。

GACHI MONEY

BRASIL

091

相続税対策は基礎控除額を意識

相続

難易度

★☆☆☆☆

他人から財産を受け取るときには税金がかかります。生きている人から受け取ると「贈与税」、亡くなった人から引き継ぐ場合は「相続税」です。どちらの税金にも控除があるから、財産がたくさんある人は計画的に贈与していった方がいいです。

贈与にも相続にも基礎控除があります。**贈与は年間110万円、相続は法定相続人が2人の場合は3000万円＋600万円×2（相続人の人数）＝4200万円までが控除されます。**贈与の基礎控除は年ごとに適用されるので、資産が多いなら贈与を分割する「暦年贈与」という方法を使うのが一般的です。

「相続時精算課税制度」を使うと、2500万円まで特別控除されます。ただ、贈与者が亡くなったら、今まで贈与された額を相続財産に加えて、相続税として一括で納めなくてはいけません。たくさんお金を持っている人の場合は、今払うかあとで払うかという話になるのです。

ほんだ先生の補足メモ

相続時精算課税は以下のような人が使うとトクできると考えられます。

(1)相続財産が基礎控除の範囲内の人

早く移すことによって親の持つ資産を子どもが使うことができるメリットがあります。もし親の老後資金などが足りなくなりそうなら、親が子から借金するという形にすればよいでしょう。

(2)値上がりしそうな財産がある人

再開発計画のある土地や値上がりしそうな株式などを持っている人は、早めに贈与した方がいいでしょう。相続時精算課税で贈与した財産は、贈与時の価値で相続時に課税されます。例えば、今都心に持っている土地が2000万円で、再開発で10年後に5000万円まで上がるとすると、現時点で相続時精算課税すれば2000万円の贈与とされますが、10年後の再開発後に死亡すると5000万円としてカウントされ、多額の相続税を納めなくてはいけません。

(3)マンションなどの収益を生む財産を持っている人

アパートやマンション投資で賃料収入を得ている人は、物件を親が保有したままだと賃料収益は親に入り、どんどん親の相続財産が大きくなります。早めに子どもに移せば、子どもが賃料収入を得るので、相続財産は大きくなりません。

GACHI MONEY

092

相続税を節税するなら不動産に変える

相続／不動産

難易度 ★★★☆☆

不動産の相続税評価額は公示価格の8割が目安です。なので、現金でそのまま残して相続するよりトクできる可能性が高いんです。自宅を相続する場合はP252でも説明する「小規模宅地等の特例」が使えるので、実質的に本来価値の16％ほどに抑えられます。

なので、**相続税を抑えるなら現金ではなく不動産で資産を残せ、ということですね。**

ただ、マンションを購入する場合は別の注意点もあります。マンションの相続税額は、「築年数」「階数」「部屋の広さ」などを加味して決まります。低層マンションよりもタワーマンションが、低層階よりも高層階のほうが税額が高くなるんです。

ちなみに、ちょっと前までは不動産のなかでもとくにタワマンを使った「タワマン節税」が有効でした。タワマンの高層階は、戸建てや低階層よりも相続税額が低くなるしくみだったんです。なお、今は高層階の税額も低層階と同程度になるよう法改正されています。

ほんだ先生の補足メモ

自分の親が現金を大量に持っていたら要注意。5000万円の現金と、5000万円の価値がある投資用マンションは同じように見えますが、相続税の計算上は全く異なります。

5000万円の現金は、相続税の計算上も5000万円です。一方、5000万円で売れる投資用マンションは、場所にもよりますが相続税の計算上は3000万円くらいの資産と見積もられます（場所や物件にもよります）。つまり、現金5000万円を使って5000万円のマンションを買ったら、買った瞬間に相続税上の財産を2000万円減らせるということになるのです。

不動産の相続税額は建物と土地に分けて計算されることになりますが、土地、建物ともに、実際の取引価格より低くなるケースがほとんどです。また、賃料収入が入ってきて生活費を支えてくれるという点も、不動産を購入するメリットです。相続人となる子どもに兄弟がいるかにもよりますが、現金をたくさん持っている人は不動産の購入が相続税の対策として有効でしょう。

不動産を購入する際に、注意しなければいけない点があります。

まずは、不動産の場所。需要がない場所の無価値な不動産を買っても意味がありません。東京など将来的に絶対に価値が下がらない場所で、アパートやマンションを購入するようにしましょう。

次に、購入のタイミング。購入後すぐに死亡すると、駆け込みの相続税対策と見られる可能性もあるので、早めの行動が大事になります。

最後に、業者選びです。不動産屋や税理士のなかには、こういった状況に付け込んで利回りの低い悪質な物件をおすすめしてくることがあります。いくら現金を使わなければいけないといっても、利回りの低い物件や価値がない物件にお金を使っては意味がありません。自分で不動産価格を見極めるのが難しい人は、税理士などに相談する際に、セカンドオピニオンとしてＦＰにも意見を聞いてみてくださいね。

GACHI MONEY

093

空き家は使い道をしっかり検討する

相続

難易度 ★★★☆☆

不動産を相続する可能性があるなら、相続後に土地をどうするかは事前に計画を。親が住んでいたけど自分は住まない土地や家を相続したり譲り受けたりするなら、安易に更地にしないほうがいいと思います。住宅が建っているときは固定資産税の評価額は6分の1になりますが、更地にすると適用されなくなるため固定資産税と都市計画税が高くなるからです。

更地にせずに、駐車場にできたら収益が入るので黒字になるかもしれません。**でも、土地がありあまっていて、どこにでも車が停められるような場所で駐車場にするのはリスクがあります。**収入がない状態で固定資産税を払い続けることになってしまいます。

相続した不動産が空き家だったら、一定期間内に売却すれば売却金額のうち最大で3000万円までを控除できます。この特別控除が適用されるにはいくつか条件があります。そのうちの1つが、建築された年。対象となる空き家は、1981年5月31日以前に建築された家屋に限られています。あと、「**相続してから売却するまでの間に貸し出していないこと」も重要な条件です**。売ると決めているのであれば、空き家になった家は、誰にも貸してはいけません。

もうすでに空き家を抱えている人は、空き家のある市区町村の窓口に相談するのもいいですね。市区町村が「空家等管理活用支援法人」に指定しているNPO法人などから、管理や活用の情報提供や、所有者と活用希望者とのマッチングを受けられることがあります。

ほんだ先生の補足メモ

八木さんのいうように、固定資産税は更地だと6倍になるため、取り壊して放置すると税金が高くなってしまいます。

しかし、いったん空き家のまま放置しておくのも危険です。空き家は管理が行き届かなくなっていきますが、放置して周囲に悪影響をおよぼすと、市区町村から危険な空き家として指定されてしまいます。2023年からは基準も厳しくなり、倒壊寸前になっていなくても指定されることも。市区町村からマークされてしまうと、固定資産税の減税の措置を受けられず、更地と同様に6倍の固定資産税を払わされることになります。

お金の問題のみならず、「あの危ない家の家族の人」と周辺地域の人から後ろ指を指されないためにも、空き家になる恐れがある場合は、親が元気なうちから家の取り扱いを話しておくのが良いでしょう。

親が死亡して空き家となった場合は、耐震工事をするか家を取り壊して売ることによって、八木さんが説明した特例が使えるようになります。これも死亡後3年以内に行う必要があるので、生きているうちから家族での話し合いが重要です。

GACHI MONEY 094

配偶者のへそくりには気をつける

相続

難易度 ★★★☆☆

相続で最も控除額が大きいのは、対象が配偶者の場合です。相続税の配偶者控除は1億6000万円。一見おトクですが、子ども目線だと損するケースがあるんです。

例えば、旦那さんが亡くなった際に資産の1億6000万円をすべて奥さんが相続したけど、実は奥さんはへそくりを1億円持っていたという場合。奥さんがその資産を持ったまんま亡くなると、子どもの相続資産は2億6000万円になります。そうなると、子どもが払う相続税は非常に大きくなってしまいます。

資産を全額奥さんへ横移動させずに、旦那さんが亡くなったときにも子どもに相続していれば、相続税を抑えられるケースがあります。対策しているつもりでも、「へそくり」で計算が狂ってしまうので、夫婦間でしっかりお金については共有しておくのが大切です。なお、相続人が配偶者しかいない場合は、資産全体が夫婦の共有財産と見なされるから、そもそも相続税が発生しません。

我が家の奥さんは、結婚するときに200円しか持っていなかったり、みんなに「やめておけ」っていわれたのに、初ボーナスで心斎橋からお昼に枚方《ひらかた》まで7000円払ってタクシーで帰ったりしていました。お互いにオープンなので、へそくりの心配は皆無です。

ほんだ先生の補足メモ

父、母、子という家族のときに、一方の親が亡くなったときの相続を一次相続、その後配偶者が亡くなって子にすべての財産が移ることを二次相続といいます。二次相続のときは、すでに配偶者が亡くなっていることから、相続税の基礎控除が減ってしまっています。

例えば、父が先に死亡したときは、母と子が受け取るから相続税の基礎控除は４２００万円。しかし、そのあとの母の死亡時は、相続人が子しかいないので基礎控除は３６００万円になります。父の死亡時にあまりにも妻に財産を移しすぎたりすると、母の死亡の際に相続税がとんでもないことになってしまうことも。

お父さんが亡くなったときに、「お母さんの生活も大変だから、全部一度相続してもらえばいいか」と考える家は多いと思いますが、将来的に家族で支払う相続税が多くなったら、苦しくなるのは誰でもなく残った家族です。

そのため、両親が健在であれば、どちらかが死亡する一次相続の段階から、ある程度子どもも財産を受け取っておいたほうがよいでしょう。もしそれで残された配偶者の生活が苦しいなら、子どもから援助や貸付という形を検討してみてください。

GACHI MONEY 095

子どもに残したくない資産は除外合意する

相続

難易度 ★★★★★

子どもに資産を相続させたくないというケースも、結構あります。

例えば、会社の経営者。子どもには、自分が持っている株式を相続する権利があります。複数の子どもがいて、経営に関わっていなかった子どもたちにそれぞれ均等に株を渡してしまうと、何も知らない子どもが会社のトップになるわけで、経営が揺らぐかもしれません。そういう場合は「固定合意」や「除外合意」が必要になります。

固定合意というのは、相続する遺産を事前に算定して、以降の値上がり分は遺留分の算定に含めないとする手続きです。推定相続人全員で合意しないとだめなんですが、やっておけば株の価額が上昇しても遺留分の額に影響しません。後継者の経営努力で株式価値が増加しても、相続時に想定外の遺留分の主張を受けなくてすむのです。

除外合意は、自社株式や会社を経営する資金を財産から除外する合意です。**こちらも推定相続人全員で合意するものですが、会社の経営と個人の遺産を切り離すことができるようになります**。

生え抜きの人と自分の子どもで後継ぎ争いが起きたとき、創業者が生え抜きを選んだという事例もあります。会社を継承させるときに、組織を大事にするのか、家族を大事にするのか。それによって株をどうするかという問題があるんですね。

GACHI MONEY

096

小規模宅地等の特例は土地単価が高いほどおトク

固定資産税

難易度 ★★★★☆

「小規模宅地等の特例」は相続時に一定要件を満たす土地の評価額を減らせる制度です。**例えば、特定居住用宅地の場合は80%まで減額できます**。対象となる面積は330㎡まで。坪でいうと100坪です。

小規模宅地等の特例と限度面積

<table>
<tr><th colspan="2">相続開始直前の利用区分</th><th>要　　件</th><th>限度面積</th><th>減額割合</th></tr>
<tr><td colspan="2">居住用</td><td>特定居住用宅地等</td><td>330㎡</td><td rowspan="3">80%</td></tr>
<tr><td rowspan="3">事業用</td><td>貸付事業以外の事業用</td><td>特定事業用宅地等</td><td rowspan="2">400㎡</td></tr>
<tr><td rowspan="2">貸付事業用</td><td>特定同族会社事業用宅地等</td></tr>
<tr><td>貸付事業用宅地等</td><td>200㎡</td><td>50%</td></tr>
</table>

もし自分が1億円を持っていて、小規模宅地等の特例を使った相続税対策として土地を買うつもりなら、場所はしっかり考えないといけません。例えば、地方の土地は2000万円もあったら100坪買えてしまいます。でも、これだと全然節税にならないわけですね。自分の資産でどれだけ高い土地を買えるかという話になるわけです。

ちなみに、小規模宅地等の特例は事業用の宅地を相続するときにも適用されます。

GACHI MONEY

BRASIL

097

未公開株で節税しながら企業を応援

節税・節保険料／投資

難易度 ★★★☆☆

エンジェル税制とは個人がベンチャー企業に投資すると寄附金控除の対象となり、税金を減らせる制度です。

エンジェル税制では2つある優遇措置のどちらかを選択できます。**1つは投資額から200**

0円引いた金額が総所得金額から控除されるというもので、上限は800万円（2021年1月1日より以前は1000万円）か総所得金額の4割の、いずれか低いほうとなります。もう1つは投資金額がその年の株式譲渡益から控除されます。こちらは金額の上限がありません。

最近はクラウドファンディングでエンジェル投資家を募るベンチャー企業もあり、1口いくらというように、よりお手軽に投資できるようにもなりました。

ただ、注意点もあります。ベンチャー企業が上場すれば、保有している株の価値が上がって利益が狙えますが、投資先が上場できずに事業をたたむことも考えられます。上場したとしても流動性が低く、売りたいときに売れないこともあります。宝くじと同じように、「応援した企業が上場するかもしれない」という夢を買うつもりで投資するものと考えたほうがいいです。あるいは大きな所得があった年に、「企業の応援にもなるし節税にもなるから」と投資するのもありかもしれません。

気になる企業があったら10万円ぐらい投資してみて、どう成長していくかを見守るのも楽しいものです。

ほんだ先生の補足メモ

エンジェル税制の優遇措置で、総所得金額からの控除を選んだ場合、投資額から2000円を引いた金額が控除額となります。この2000円という金額からもわかるように、エンジェル税制はふるさと納税に似ています。ふるさと納税における返礼品の代わりに、エンジェル税制では企業が成長したときのリターンが期待できると考えるといいでしょう。ただし、投資先が非上場企業であることから、エンジェル税制を利用した投資はハイリスク・ハイリターンだといえます。

実は節税の制度としては、エンジェル税制よりふるさと納税のほうが後発です。中小企業にも気軽に投資できる同制度が、もっと日本に広まることを願っています。

098

常にお金の出口にかかる税金を考える

節税・節保険料

難易度 ★☆☆☆☆

お金に関するルールで絶対に忘れたらいけないのは、**「資産を現金化すると、金額に応じた**

税金がかかる」ということ。だからこそ、何かの資産を持つときは、その出口を考えることが大切です。

僕は退職金代わりに小規模企業共済を積み立てています。一括受け取りにすれば退職所得控除が受けられるので、それほど大きな税金はかかりません。でも、取引先が倒産したときに備えて加入する、経営セーフティ共済は違います。解約時には解約手当金が受け取れますが、個人事業主の場合、雑収入（事業所得）となるため所得税がかかります。所得税は収入が多いほど税額が上がる累進課税なので、なるべく収入が少ない年に受け取らないと、余計な税金を払うことになります。

さらに最悪なのが、「資産を失って、税金だけが残った」ケースです。これは風の噂ですが、ある芸人がビットコインを1000万円分購入し、1億円になったタイミングで利確しました。仮想通貨の利益は雑所得なので超過累進税率が適用され、収入が4000万円以上の場合は所得税が45％、さらに住民税が10％課せられるので、税負担は4950万円となります。

ただ、この人はビットコインで得た収益を別の仮想通貨に投資して、すべてを失います。暴落した仮想通貨の資産はほぼゼロ。それでも、ビットコインの利益は利確した時点で所得として計上されてしまっているため、４９５０万円の税金は支払わないといけません。

これらのケースからもわかるように、累進課税制度が曲者です。何か大きな儲けがあると、収入全体にかかる税率が跳ね上がります。サラリーマンは年収が安定していますが、**僕のような自営業は収入が年によってバラバラ、なるべく年収が少ない年に資産を現金化するといいですね。**

ほんだ先生の補足メモ

サラリーマンは給料から税金が天引きされているので、納税している実感が薄いですが、本来税金は得た収入に応じた額をあとから納めるものです。もしも、副業などで収入を増やそうと考えているなら、後日納付することになる税金の額を把握しておく必要があるでしょう。収入が増えたことが嬉《うれ》しくて、あれこれと浪費していると、確定申告の際に納税する資金が足りなくなってしまいます。

所得税がかかる所得は全部で10種類あり、それぞれ課税の方法が違います。それぞれの所得に税金が控除されるしくみがあるので、税金のことを学ぶことが、お金を賢く稼ぐヒントになるかもしれません。

GACHI MONEY

099

不動産では3つの節税ポイントを意識

節税・節保険料／不動産

難易度

★★★★★

住宅周りの節税制度で覚えておきたいポイントは3つあります。

まずは自宅を売ったときに3000万円の特別控除が適用されること。**自宅を売った利益は譲渡所得として扱われるので税金がかかりますが、特別控除が適用されれば3000万円までは非課税になります。**ただ、今住んでいる家であること、住まなくなってから3年以内に売ることといった条件はあります。

次に売却までの保有年数によって、税金のしくみが変わること。具体的には5年未満で売ると短期譲渡所得に、5年以上で売ると長期譲渡所得になります。基本的には長期譲渡所得のほうがおトクなため、不動産を売るときは5年は持っていたほうがいいです。

最後に、住宅ローンが残っている状態でマイホームを売却したとき、住宅ローンの残高と売却益の差額の損失分が控除されるということ。例えば3000万円のローンが残っている家を2000万円で売った場合、損失分の1000万円はほかの所得などと損益通算できます。

3年間は、その損失分は繰り越せるので、例えば給料が年額500万円の人ならその年と翌年の2年間は、所得税・住民税を払わずに済むわけです。住民税の非課税世帯は子どもが高校や大学に進学する際に、授業料・入学金が減額されるほか、給付型の奨学金がもらえるので、このタイミングで家を売却すれば家計の助けになりそうですね。

100

インボイス制度は芸人に直撃

節税・節保険料/インボイス

難易度 ★★★★☆

きんざい（FP試験の一種）の試験を受けたとき、最後の面接で「インボイスについて説明してください」っていわれたんです。

面接なんで、普段着ないスーツを着て挑みました。そしてめちゃくちゃ緊張してしまって。

もう頭真っ白です。「インボイスは何税の話ですか？」と聞かれたんですけど、しばらく答えられなくて、だいぶ時間かけて「消費税です」って答えました。

インボイスって、結構わかりづらいですよね。でも、他人事じゃないです。芸人はほとんどが免税事業者なので、ダイレクトに影響を受けます。今まで売上1000万円以下の人は消費税の納税を免除されていたのが、インボイスが始まってからは毎年現金を用意しないといけません。売上が税込み880万円なら、80万円が消費税。簡易課税を選択している場合、サービス業である芸人は課税額が半分となるので、結果として40万円が課税されます。これを12カ月で割ると、毎月3万3333円必要です。結構大変です。

インボイスに限らず、お金の問題は常に自分事です。よくわからなくても、しっかり勉強しておくことが自分のためになるんですよね。

おわりに

この度は、本書を手に取っていただき、最後までお読みくださり、心より感謝申し上げます。

普段、FP（ファイナンシャルプランナー）学習者向けの参考書を執筆・監修していますが、「お金の知識」という一般の方向けのコンセプトで、さらには芸人のサバンナ八木さんと共著という形で本書を制作することとなり、すべてが新鮮で、楽しく執筆に取り組ませていただきました。


私と八木さんが出会ったのは、彼がFP資格にチャレンジされているときのことでした。八木さんが私のFP講義動画を活用されていたことをきっかけにお話しする機会をいただき、「芸人さんでも、これほどお金について深く学び、正しい知識を広めようとする方がいらっしゃるのか」と感銘を受けたのを今でも覚えています。

その後、合格率約10％という超難関資格であるFP1級に八木さんが合格されたときは、自分のことのように喜びを感じました。

そしてこの度、八木さんがお金のプロフェッショナルとして活躍する記念すべき1歩目となる本書に、共著という形で関われたことを大変光栄に思います。改めてご縁をいただき、ありがとうございます。

本書では、私が「補足メモ」という形で、八木さんが語った各テーマについて必要な知識をできるだけわかりやすく、公正な視点で補足させていただきました。

とはいえ、読み進める中で、「ちょっと待って、八木さんとほんだ先生の意見、食い違ってない？」と感じられる箇所も多々あったかと思います。

実際、テーマによっては意見が真っ向から対立しているところもあったでしょう。では、どちらかが間違ったことを書いているのでしょうか？　いえ、そうではありません。本書では、どちらの意見も「正しい選択」として載せています。

その理由は、お金に関する「正解」は一つではないからです。職業や年齢、家族構成、ライフスタイル、さらには人生で大切にする価値観など、さまざまな要因によってベストな選択は人それぞれ異なります。そのため、本書では八木さんと私のそれぞれの立場から考えた「正解」を読者のみなさんにそのままお伝えすることが、最善だと考えました。

それぞれの考えを読者のみなさんにありのままお伝えしたいと思い、ＫＡＤＯＫＡＷＡさんにも多大なるご配慮をいただきました。難しい構成にもかかわらず、このような唯一無二の書籍を実現してくださったことに、心から感謝申し上げます。

それでは、今この本を読んでいるあなたにとって、ベストなお金の選択はどのように考えればよいのでしょうか？

本書では、私や八木さんそれぞれの経験や知識をもとに、さまざまなヒントを盛り込みました。その中のどれか一つでも「参考になった」と思っていただければ、とても嬉しく思います。

ただし、あなたが歩んできた人生や置かれている状況は、八木さんや私とは異なります。そのため、本当にあなたにとっての「正解」となるお金の選択は、あなた自身にしか導き出せません。残念ながら、私たちがその答えを直接お伝えすることはできないのです。

しかし、考えるための近道はあります。お金で損をしない、そして少しでも豊かな生活を送るための最善な選択を知るには、まずは何より「正しいお金の知識」を身につけることが大切です。お金の知識を学び始めたい方には、ＦＰ資格の３級レベルの内容を学んでみることをお勧めしています。

現在、ＦＰ資格は人気資格ランキングの常連となり、金融機関で働く方だけでなく、幅広い世代や職種の方々に学ばれています。私が運営するオンラインスクールの受講生やＹｏｕＴｕｂｅチャンネルの視聴者にも、さまざまな業種の社会人、主婦、学生など、多種多様な方がいらっしゃいます。それだけ、今の日本において「お金の知識を学ぶこと」の重要性が広く認識されているのだと、日々実感しています。

お金の勉強というと、堅苦しくて難しそうですが、本書でも触れたように、みなさんの生活に密接に関わる内容ばかりです。ＦＰを単なる資格取得のための暗記作業と考えず、一つ一つの内容を理解しながら、「自分が人生でトクをするためのヒント」として楽しみながら理解していくことがとても大切だと思います。

八木さんも、私自身も、ＦＰの学びをきっかけに人生を大きく変えた人間の一人です。そして、この本を通じて、正しいお金の知識を身につけることで、あなたがこれからの人生をより豊かにしていくための一歩を踏み出すお手伝いができたのであれば、これ以上嬉しいことはありません。

２０２５年２月

ほんださん（株式会社スクエアワークス　代表取締役　本多遼太朗）

本書は２０２５年2月までの情報を元に作成しています。本書刊行後に金融に関連する法律・制度の改正、または各社のサービス内容が変更される可能性がありますのであらかじめご了承ください。

本書は投資関連の情報を記載していますが、特定の銘柄の購入を推奨するもの、またその有用性を保証するものではありません。個々の金融サービスや金融商品の詳細については、各金融機関にお問い合わせください。

投資には一定のリスクが伴います。売買によって生まれた利益・損失について、著者および出版社は一切責任を負いかねます。投資はご自身の責任と判断のもとで行っていただきますようお願いいたします。

ブックデザイン　萩原弦一郎（256）
カバー写真　キッチンミノル
イラスト　大嶋奈都子
図版作成　本島一宏
編集協力　株式会社ペロンパワークス・プロダクション
制作協力　吉本興業株式会社
株式会社スクエアワークス

本書は書き下ろしです。

サバンナ　八木真澄
1974年生まれ。京都府出身。立命館大学産業社会学部卒業。94年に学生時代の後輩・高橋茂雄とお笑いコンビ・サバンナを結成。「ブラジルの人聞こえますか～！」など1000個以上のギャグを持ち、柔道２段・極真カラテ初段の筋肉芸人としても活躍中。著書に『未確認生物図鑑』（ヨシモトブックス）『年収300万円で心の大富豪』（KADOKAWA）などがある。2024年に１級ファイナンシャル・プランニング技能士の資格を取得した。

ほんださん（本多遼太朗）
1994年生まれ。東京大学工学部都市工学科卒業。株式会社スクエアワークス代表取締役。「本質を理解する楽しい学習」をモットーに、YouTubeチャンネル『ほんださん／東大式FPチャンネル』を開設し、チャンネル登録者数は業界トップの25万人超。また、自身が運営するオンライン学習スクール「FPキャンプ」では、１万人以上のFP受験生を合格に導く。著者に『FPキャンプ式 FP１級 学科試験一問一答 TEPPEN』（東京リーガルマインド）など。１級ファイナンシャル・プランニング技能士。

ＦＰ《エフピー》１級取得《きゅうしゅとく》！サバンナ八木流《やぎりゅう》
お金《かね》のガチを教《おし》えます

2025年３月27日　初版発行
2025年７月30日　４版発行

著者／サバンナ 八木真澄《やぎますみ》　ほんださん（本多遼太朗《ほんだりょうたろう》）

発行者／山下直久

発行／株式会社KADOKAWA
〒102-8177　東京都千代田区富士見2-13-3
電話　0570-002-301（ナビダイヤル）

印刷・製本／株式会社ＤＮＰ出版プロダクツ

●お問い合わせ
https://www.kadokawa.co.jp/（「お問い合わせ」へお進みください）
※内容によっては、お答えできない場合があります。
※サポートは日本国内のみとさせていただきます。
※Japanese text only

定価はカバーに表示してあります。

ISBN 978-4-04-115731-2　C0033